PHILOSOPHIE MORALE.

LA VÉRITÉ

CONSIDÉRÉE COMME CAUSE UNIQUE DU PROGRÈS
DE LA CIVILISATION ;

Par

J.-D. GIMET DE JOULAN,

Membre de plusieurs Académies.

TOME III.

PARIS

DANS TOUTES LES LIBRAIRIES SPÉCIALES,
Et à Bordeaux
CHEZ LES PRINCIPAUX LIBRAIRES.

AVRIL 1846.

PHILOSOPHIE MORALE.

LA VÉRITÉ

CONSIDÉRÉE

COMME CAUSE UNIQUE DU PROGRÈS

De la Civilisation.

Bordeaux. — Imprimerie de CRUZEL, rue des Ayres, 28.

PHILOSOPHIE

MORALE.

LA VÉRITÉ

CONSIDÉRÉE COMME CAUSE UNIQUE DU PROGRÈS DE LA CIVILISATION ;

PAR

J.-D. GIMET DE JOULAN,

MEMBRE DE PLUSIEURS ACADÉMIES

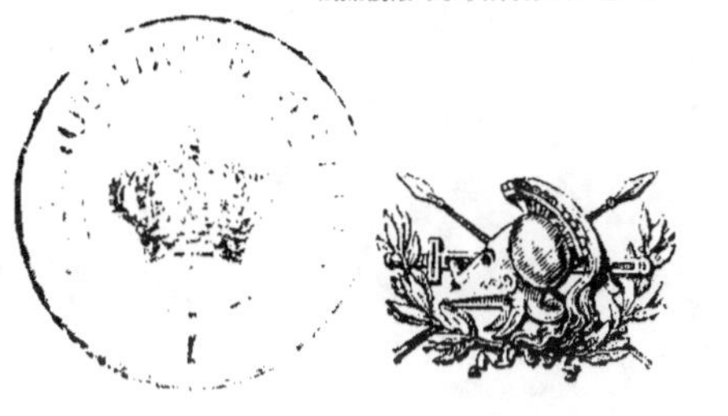

PARIS,

DANS TOUTES LES LIBRAIRIES SPÉCIALES,

Et à Bordeaux,

CHEZ LES PRINCIPAUX LIBRAIRES

Avril 1846.

INTRODUCTION.

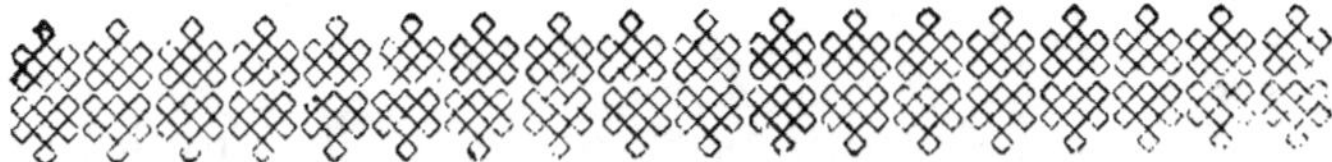

INTRODUCTION.

Pour peu qu'on veuille y réfléchir, on sera
convaincu que l'esprit de l'homme n'a de valeur qu'en proportion du nombre des vérités
qu'il renferme. Celui qui sait beaucoup de
choses vraies ne peut avoir qu'un jugement
exercé : dès lors il possède une justesse d'a-

perçus qui lui montrent de suite le meilleur chemin à suivre, et qui le conduisent dans les difficultés de la vie. Certainement une position pareille doit paraître désirable à toute créature pensante.

Il est donc capital, quand on s'occupe sincèrement de perfectionner le genre humain, de chercher un système d'éducation qui produise les effets dont il vient d'être parlé. A quoi servent les idées fausses? à faire errer à l'aventure, à mener où l'on ne voudrait point aller.

Comment peut-on espérer qu'un enfant se montrera judicieux quand on l'aura bourré d'études préalables, plus absurdes les unes que les autres? Si vous êtes forcé de lui dire : « Tu ne comprends pas? n'importe, il faut « croire; » vous ne pourrez plus invoquer le raisonnement, et la porte restera ouverte à toutes les absurdités auxquelles le charlatanisme voudra donner entrée. Entre deux affirmations qui choquent également le bon sens, quelle sera celle qu'il faudra rejeter et celle qu'il faudra admettre?

Dès que vous pouvez forcer la raison à

s'humilier, et que vous croyez avoir le droit de la contraindre, vous ne lui laissez qu'une existence factice ; car sa vie réelle est la liberté. L'intelligence a des bornes, sans doute ; mais elle est la première à s'en apercevoir : il n'y a d'autre autorité que celle d'une raison supérieure qui puisse agir légitimement sur elle, ou bien la conviction de son insuffisance.

Telle n'a pas été la ligne d'appréciation suivie jusques à nos jours : quand la raison a voulu user de son privilége, on l'a obligée à se taire ; et comme elle pouvait être incommode dans son état de puberté, on a tenté de lui faire une éternelle enfance.

Il n'est peut-être pas hors de propos de rappeler comment la chose est arrivée.

Lorsque l'esprit de civilisation pénétra parmi les hommes et les attira vers lui pour essayer de les améliorer, il rencontra des obstacles dans les idées primitives, qui découlent du droit naturel. Ces obstacles, il fallait les vaincre, sous peine de voir échouer l'œuvre commencée : et au milieu d'agglomérations encore toutes barbares, le pouvoir du raisonnement ne suffisait pas pour cela. Les législateurs furent obligés d'appeler à leur aide : ce fut au sentiment religieux qu'ils s'adressèrent.

Aussi voyons-nous Moïse descendre du mont Sinaï, au milieu d'une tempête, et déclarer que Dieu lui-même lui a dicté les lois qu'il apporte aux Hébreux ; aussi la nymphe Égérie vient-elle au secours de Numa, et l'ange Gabriel converse-t-il avec Mahomet. Partout se trouve l'intervention divine pour faire respecter les préceptes de la législation.

Mais cette association mensongère du ciel et de la terre produisit un résultat qui n'avait pas été prévu, ou, du moins, dont on n'avait pas compris toute la portée. L'enseignement moral tomba entièrement dans les mains des prêtres. La législation avait posé des principes et formulé des théories : elle avait aussi créé des pouvoirs civils, appelés *gouvernements*. Par malheur pour elle, la même cause (le manque d'action sur l'esprit des peuples) qui l'avait obligée à se donner un auxiliaire, lui donna un maître. La théocratie sentait trop bien son importance, comme pouvoir agissant, pour ne pas prétendre à la domination.

Alors se formèrent ces systèmes sociaux

où les idées religieuses jouèrent le premier
rôle ; alors furent créés ces mythes, ces per-
sonnifications toutes conventionnelles de la
divinité, ces formes symboliques sorties du
cerveau des prêtres ; alors se révélèrent aussi
tous ces mensonges sacrés destinés à étouffer
la raison.

L'erreur a donc été jetée systématiquement dans le monde, et elle s'y est attachée
comme une plante stolonifère. La foi, cette
soi-disant vertu, qui consiste à croire sans
voir, à admettre même l'impossible, offrait
trop d'avantages pour qu'on ne la mît pas au
premier rang. Les prêtres de l'Égypte, de
même que ceux de l'Inde, en firent un instrument de leur ambition ; et, de nos jours,
il est facile de nous apercevoir que leurs traditions n'ont pas été perdues.

Ainsi, c'est par l'influence des idées religieuses, dont l'ambition et l'égoïsme ont abusé,
que s'est formée cette civilisation bâtarde qui
nous domine, et dont la philosophie moderne
tend à nous débarrasser : ainsi, c'est cette civilisation favorable au despotisme, son alliée naturelle et insuffisante pour les besoins actuels,

parce qu'elle est d'un autre âge et qu'elle est basée sur des mensonges, qu'il faut essayer de renverser, afin que l'effervescence des esprits se calme, et que la société prenne l'attitude qui lui convient.

Tant qu'on n'aura point reconstruit la science des idées, qu'on ne lui aura point donné de bases certaines, qu'elle embrassera indistinctement la vérité et l'erreur, il ne faudra pas s'étonner que la civilisation fasse fausse route, et qu'une inquiétude morale se manifeste chez les peuples livrés à d'éternelles déceptions.

Eh! comment, sans ce préalable, les choses pourraient-elles changer d'allure? Pense-t-on que le mensonge produise la vérité ou la vérité le mensonge? L'absurde ne donnera jamais que de l'absurde; c'est pourquoi il faut établir de bons points de départ pour arriver, de conséquence en conséquence, à un résultat rationnel et prévu.

C'est une grande erreur de la part de certains hommes politiques d'affirmer que les nations sont maintenant ingouvernables · si on veut les gouverner par la ruse, la perfidie, et qu'on leur refuse ce qui leur est dû, la

chose est certainement très-réelle ; mais alors
à qui la faute? Les nations n'ont-elles pas raison? Qu'on essaie de les gouverner avec justice ; qu'on se préoccupe de l'intérêt général
et non de l'intérêt privé, on verra que le siècle
actuel a soif de légalité et d'ordre.

Les destinées du monde sont donc ratta-
chées à un grand travail moral qui doit avoir
pour but de mettre la vérité partout ; dans les
relations d'homme à homme, dans les relations de peuple à peuple, dans celles de gouvernement à gouvernement. La vérité c'est la
morale, c'est la justice, c'est l'équité ; c'est
tout ce qu'il y a de bon dans le cœur et dans
l'esprit humain !

Sans croire à une perfectibilité absolue,
nous croyons à la possibilité d'un mieux, qui
peut parcourir graduellement une échelle
d'une assez vaste étendue. Nous croyons au
développement possible du sens moral, ce
que nous regardons comme le plus impérieux
besoin du moment.

Combattre l'erreur, lui substituer la vérité,
voilà le thème de notre livre. C'est par le
scepticisme d'abord, et ensuite par un examen

consciencieux, qu'il faut refaire le système de nos idées. Nous ne nous dissimulons pas qu'il y a beaucoup à faucher; mais si nous restions incessamment prosternés devant des idoles vermoulues, serions-nous dans les conditions nécessaires pour arriver au culte du vrai Dieu?

Un seul pouvoir peut empêcher la civilisation de rentrer dans les ornières d'une voie rétrograde, c'est l'esprit d'analyse, mettant à nu les mauvaises intentions de ceux qui ont intérêt à tromper: un seul pouvoir peut faire progresser les institutions humaines, c'est encore l'esprit d'analyse, cherchant dans l'homme lui-même les secrets de sa puissance sous les rapports intellectuels.

Les convictions que nous venons d'exprimer nous ont conduit à étudier l'homme moral. Nous avons voulu savoir ce qu'il a été, ce qu'il est, pour tâcher de deviner ce qu'il pourrait être : mais ces études nous ont fait comprendre ce qu'on ne voulait pas qu'il fût. Il demeure donc constant pour nous que la société n'est pas seulement en proie aux vices de sa propre nature, mais qu'elle est travaillée d'une corruption [*] qui lui est inoculée par l'intérêt individuel.

Les intentions de ceux qui dominent le monde se décèlent autant par l'ambiguité de leurs paroles que par un aveu des plus complets : d'ailleurs, les faits ont une logique semblable à celle des chiffres ; la dialectique ne peut rien contre eux.

L'ordre social ne marchera définitivement et sans soubresauts que lorsque les hommes haut placés ne craindront plus d'avouer ce qu'ils veulent, parce que ce qu'ils voudront sera conforme à l'équité. Alors ils ne craindront plus d'avoir, en face, des citoyens instruits de leurs droits ; et ils n'hésiteront pas à leur faire enseigner leurs devoirs. Quand l'éducation morale sera à la hauteur de l'éduca-

---

[*] Lorsque l'auteur a écrit cette introduction, vers la fin de 1844, la corruption était aussi certaine, aussi réelle, qu'aujourd'hui, mais elle n'avait pas été démasquée ; et on prenait encore la peine de la nier. Maintenant toute remarque à ce sujet serait une banalité, un lieu commun : personne n'ignore ce qui se passe. Les révélations ont marché plus vite que l'imprimerie ; et voilà pourquoi ce qui était douteux il y a quelques années, ce qui était bien placé dans un livre, comme avertissement, n'est plus qu'un fait démontré, que de l'histoire

tion intellectuelle, la cause du genre humain sera gagnée : la société entrera dans le véritable progrès.

En attendant, la civilisation est traversée par deux courants qui la poussent en sens inverse. C'est encore la lutte du bon et du mauvais principe, d'Oromaze et d'Arimahne, du jour et de la nuit, de la vérité et du mensonge. Les lois de la nature n'ont pas été changées depuis plusieurs milliers de siècles : attendons-nous à des fluctuations sans nombre. Le génie du mal est trop puissant pour se laisser abattre, sans avoir opposé une résistance désespérée; mais le temps est pour la vérité, comme la postérité appartient aux hommes qui savent être utiles ! Qu'importent les difficultés de la route, pourvu que l'on arrive? S'il est vrai que Dieu conduise les événements par une voie détournée, Dieu est la vérité éternelle, il ne peut vouloir que le triomphe de la vérité.

Ainsi les hommes de quelque valeur doivent se rallier autour de cette sainte cause. Que chacun cherche à bien comprendre la situation du moment présent ! Aidons l'opinion à se formuler et à se faire entendre. La philosophie aime à s'adresser aux hommes de cœur : ceux-là sont l'espoir des générations et ils leur préparent un avenir dont eux-mêmes ne sont peut-être pas appelés à jouir.

La vérité en tout, partout, et toujours! Voilà les mots sacramentels que la civilisation moderne doit écrire sur sa bannière. Tâchons donc, autant qu'il sera en nous, de faire aimer et luire la vérité.

PHILOSOPHIE MORALE.

LIVRE PREMIER.

LA VÉRITÉ

CONSIDÉRÉE

Comme Cause unique du Progrès

De la Civilisation.

LIVRE PREMIER.

CHAPITRE PREMIER.

Considérations générales.

Les hommes, quoiqu'ils semblent jetés dans un même moule, naissent avec des inclinations différentes. Placés entre le mal et le bien, ils participent de l'un et de l'autre. On peut les comparer, sous quelques rapports, aux angles formés par la rencontre fortuite de deux lignes droites : si la première tombe perpendiculairement sur la seconde, il en résultera deux angles égaux ; mais si la perpendiculaire est déplacée , c'est-à-dire si elle penche à droite ou à gauche, quoique la somme des deux angles soit encore équivalente à deux angles droits, l'un s'agrandira nécessairement aux dépens de l'autre. Cela peut avoir lieu avec des modifications variables à l'infini.

Il nous semble que cette image exprime avec assez de netteté le prodigieux mélange qu'on remarque dans le caractère de l'homme, et comment il présente, entre les types absolus du bien et du mal, cette longue série de tendances, qui le font appartenir plus particulièrement à l'une qu'à l'autre.

S'il est vrai que la volonté humaine ne soit pour rien dans ces dispositions de la nature , il faut bien accepter l'homme tel qu'il est, et se garder de lui faire un crime de ses inclinations plus ou moins fortement accentuées.

Mais l'homme n'est point une créature lancée au hasard dans l'immensité des êtres : sa destinée ne l'a point condamné à y rester à l'état d'ébauche. Bien loin d'avoir été, comme la plante, attaché au sol par des racines ; comme la brute, emprisonné dans ses instincts , il est intelligent, maniable, enfin éminemment organisé pour supporter les exigences de la vie sociale : il est donc soumis à la loi du progrès.

Lorsqu'on veut raisonner sur l'homme, pour le comprendre et pour se faire une idée de son avenir, on doit l'étudier dans sa réalité, et non sur des hypothèses. C'est dans l'homme lui-même, en tenant compte de ses vices et de ses vertus, qu'il faut aller chercher ces rudiments de fructification, qui y ont été déposés par les mains du Créateur. Comme simple produit géologique, le marbre ressemble beaucoup aux calcaires les plus grossiers ; néanmoins, dès qu'il a passé dans les mains du statuaire, il prend un poli et des formes délicates qui lui donnent une grande valeur. Ces formes, ce poli, l'homme les obtient par l'éducation.

Il y a pourtant ici une remarque essentielle à faire. Si le travail met en relief les qualités de la matière, il n'en change pas la constitution. Ainsi, le lapidaire ne fera point d'un diamant un caillou du Rhin, ni d'un caillou du Rhin un diamant, quoiqu'il ait taillé l'un et l'autre à facettes et qu'il se soit servi d'un procédé pareil pour leur donner l'éclat qu'ils ont acquis.

Nous pouvons en conclure que la même éducation appliquée à des hommes différents laissera toujours entre eux une distance proportionnelle, tout en portant leur valeur intrinsèque jusques à sa plus haute expression.

Kant a eu raison de bien arrêter le sens des mots de sa langue philosophique. L'*amphibolie*, autrement dit l'ambiguïté des termes, est une source de malentendus. Accoutumons-nous à ne pas confondre l'intelligence, qui comprend ou qui crée, avec le sentiment, résultant du sens moral. Dans la question sociale qui nous occupe, nous aurons continuellement besoin de rappeler cette distinction.

CHAPITRE II.

Différence de l'Homme intellectuel et de l'Homme moral.

Nous l'avons déjà dit, quand on considère sous un point de vue général la faculté pensante, on trouve qu'elle possède, à une immense variété de degrés, la puissance spéculative. Nous devons encore l'avouer, la société moderne lui a fourni abondamment l'espèce de nourriture qui lui convient. Une preuve que l'intelligence de l'homme est largement développée, c'est qu'elle arrache chaque jour quelque secret à la nature ; c'est qu'elle agrandit le domaine de la science. Personne ne niera que l'électricité appliquée à la transmission de la pensée et les chemins atmosphériques ne soient des découvertes admirables. L'esprit de l'homme est donc suffisamment stimulé sous le rapport intellectuel.

Mais en est-il de même pour l'homme moral ? Qui est-ce qui s'occupe sérieusement de la partie

morale de notre existence? Par qui sommes-nous
instruits de nos devoirs? Qui cherche à nous façon-
ner à l'exercice des vertus civiles et privées? personne. Le clergé, trop absorbé par des idées d'intérêt
personnel, rêve d'une splendeur passée, qu'il lui
est difficile de ressaisir, et il ne lui reste pas assez
de temps pour remplir le rôle qui lui appartient dans
la société; les livres de philosophie sont trop nombreux et trop vagues; l'espèce d'enseignement qu'ils
renferment y est trop mêlé d'erreur pour qu'il appartienne à tout le monde d'en faire son profit. Dans
les écoles, on s'occupe de faire des dessinateurs, des
géomètres capables de devenir de bons ouvriers, ou
bien des hellénistes, des latinistes, autrement dit
des écrivains et des savants. C'est à grand'peine si
les professeurs essaient de donner à leurs élèves
quelques notions du juste et de l'injuste, notions
qu'ils ne possèdent pas toujours eux-mêmes d'une
manière suffisante.

Ainsi, le sens moral est livré à ses propres instincts. Il existe pourtant des lois qui réglementent et
qui punissent ; mais leur manière d'enseigner est
insuffisante : tout le monde n'a pas le loisir de faire
un cours de droit et de devenir savant.

Voilà l'état de la société, relativement à l'enseignement actuel. Ceux qui ont cherché à établir un

pareil ordre de choses, sont bien coupables s'ils n'ont pas agi sans discernement ! Le premier intérêt des peuples civilisés est de fonder des mœurs.

En serions-nous encore à ignorer la nécessité des bons enseignements, pour assurer l'ordre et la stabilité? Si la chose était possible, la philosophie n'y trouverait qu'un motif de plus pour s'occuper, sans perte de temps, de la haute question que nous espérons résoudre dans notre livre.

CHAPITRE III.

De l'Homme social.

L'homme social est celui qui, appelé à vivre en société, veut toutes les conséquences de la vie sociale. Celui-là admet la modification du droit naturel et consent à faire le sacrifice de la liberté absolue.

L'homme social ne peut être considéré comme un être isolé : il appartient à un corps collectif, de même que la fraction appartient à l'unité, et l'unité à tous les nombres.

Les anciens avaient compris l'importance de l'homme social : ils l'avaient façonné de manière à élever ses facultés morales jusques au plus haut degré. Athènes, Sparte, Rome, nous présentent des exemples fréquents de la vertu civique, c'est-à-dire du patriotisme qui fait abnégation de soi et ne voit que la chose publique.

Léonidas meurt aux Thermopyles avec cette sérénité que donne l'assurance d'un grand devoir accompli ; Décius se tue pour donner la victoire à sa patrie ; Régulus retourne à Carthage, où sa parole le rappelle et où il doit trouver la mort, parce que, au lieu d'engager Rome à la paix, comme il en avait reçu la mission, il l'a excitée à la guerre, en lui dévoilant la faiblesse de sa rivale ; Horatius Coclès lutte seul contre une armée entière, et lorsque le pont du Tibre est rompu de manière à ce que l'ennemi ne puisse pénétrer dans la ville, il se jette tout armé au milieu des flots et va rejoindre ses concitoyens, qu'il a sauvés.

Ces hommes étaient-ils d'une nature différente de la nôtre? L'espèce s'en est-elle perdue? Où était la cause qui nous les fait paraître si grands? ils avaient dans le cœur l'amour de la patrie. S'ils étaient venus à l'école de nos moralistes modernes, ils auraient appris à se sauver eux-mêmes !!! Mais la postérité n'aurait jamais eu à prononcer leur nom.

CHAPITRE IV.

Qualités de l'Homme social

La première qualité de l'homme social est donc
le patriotisme. La seconde est la soumission aux lois.
L'homme social obéit à ceux qui le gouvernent,
pourvu qu'on lui persuade qu'il est bien gouverné.
La nécessité perpétuelle de prononcer sur une pareille question exige que le bon esprit du citoyen
soit à l'épreuve du sophisme, d'où il suit que son
sens moral doit être très-perfectionné.

Ainsi, avant toutes choses, le citoyen est obligé
de connaître ses devoirs : il ne peut les aimer sans
les connaître, et il ne peut les pratiquer sans les aimer.

Je trouve dans ces affirmations si naturelles une
condamnation de ce qui existe chez nous, en France,
et une idée fort simple de ce qui devrait y exister.
J'en pourrais conclure, une première fois, que nos

grands hommes politiques ne sont pas dans une voie
rationnelle ; mais je ne veux pas me presser de prendre des conclusions. J'entrevois seulement qu'il y
aurait *quelque chose à faire*, pour me servir d'une
phrase empruntée au langage de la tribune, et ce
quelque chose, je vais essayer de le trouver.

CHAPITRE V.

Suite du Chapitre précédent.

AVANT d'entrer tout à fait en matière, je dois ajouter que les vertus civiques dont nous venons de parler ne sont pas les seules qui appartiennent à l'homme social. S'il est citoyen, et s'il se croit obligé envers le pays, il est aussi dans la famille, comme fils, frère, père, époux, et ces qualités lui imposent de grands devoirs à remplir. Il est donc en relations bien définies avec ses voisins, avec ses parents, et avec la patrie. De cet ensemble de choses naissent une foule de nécessités sociales souvent mal comprises, et que nous mesurerons toutes, pour en préciser la valeur, à l'échelle proportionnelle de l'équité. Le dernier terme de la civilisation se trouverait dans l'application, sans arrière-pensées de nos théories.

On me demandera peut-être si ces théories sont

nouvelles ; si quelque homme de génie des temps modernes les a inventées? je répondrais : Elles sont
aussi vieilles que le monde, elles appartiennent à
l'origine de la société : tous les hommes les connaissent , mais ils les regardent comme des abstractions.
Quelle est donc la mission que nous avons entreprise? celle de faire un rappel à la vérité , espérant
qu'on voudra bien la mettre en pratique.

CHAPITRE VI.

Idée de la **Vertu** chez les Anciens

RELATIVEMENT à la vie privée, les anciens n'avaient pas tout à fait les mêmes idées que nous. La charité, la probité, même la tempérance, ne pouvaient être en grande vénération chez des gens qui adoraient le type des vices opposés. Avec des dieux tels que Mercure, Vénus, Bacchus, etc., il n'est pas d'acte immoral qui ne pût recevoir une sorte de sanctification. Aussi, lorsque l'amour de la patrie fut détruit dans la Rome païenne, elle devint la honte des nations, comme le musée de Naples en fait foi.

Il se peut que par goût, et sous les inspirations d'une raison supérieure, quelques hommes aient donné, dans l'antiquité, l'exemple de toutes les vertus; mais c'étaient de rares exceptions, comme les croyances religieuses de Cicéron et de Socrate au milieu du polythéisme

Le christianisme seul a bien défini la vertu. Créé pour introduire une civilisation nouvelle, il s'est établi sur des bases larges, qu'on a essayé vainement d'ébranler. Si les théories philosophiques et morales du christianisme n'eussent point été dénaturées au profit et pour le service de quelques mondains ambitieux; si elles étaient passées dans la pratique, la philosophie n'aurait plus rien à chercher; la civilisation humaine serait arrivée à son apogée.

Mais cette noble institution a été altérée : les trafiquants ont envahi le temple, et la philosophie moderne n'est point encore parvenue à les en chasser. Chaque jour, cependant, elle fait des efforts nouveaux pour ramener les esprits vers les institutions primitives; le sophisme et le mensonge encombrent sa route : elle n'est point encore parvenue à la déblayer. Quoi qu'il en soit, un fait d'une grande importance se révèle : le catholicisme perd et le christianisme gagne.

Sous quelle forme l'élément chrétien est-il appelé à féconder la civilisation? nous l'ignorons; mais ce que nous savons très-bien, c'est que l'Évangile renferme les plus belles théories morales et philosophiques dont l'humanité ait été dotée.

CHAPITRE VII.

Il ne faut pas confondre la Morale et la Religion.

Nous avons l'habitude de penser que la morale et la religion ne sont qu'une seule et même chose. C'est une erreur qu'on a pu longtemps croire sans conséquence, et qui vient de ce que les mêmes hommes ont été chargés d'enseigner l'une et l'autre ; mais, enfin, c'est une erreur, et nous avons un intérêt actuel à la discréditer.

Le sentiment religieux est un mouvement naturel du cœur de l'homme vers son créateur. Convaincu de sa faiblesse, de sa dépendance, l'homme prie, il implore, il voit bien qu'il a besoin d'être secouru. Il y a donc de la crainte, de l'espoir, autant que de la reconnaissance, dans les élans d'une inspiration ascétique.

La morale, quoiqu'on puisse la considérer comme ayant son origine dans des rapports de justice, placés au-dessus de l'humanité, n'en est pas moins une nécessité sociale. Considérée sous ce rapport, elle est un grand moyen de civilisation, et rien de plus *. Si on l'a placée sous l'invocation de Dieu, c'est qu'une des grandes fins de l'homme étant de vivre avec ses semblables, Dieu veut et ordonne tout ce qui peut amener ce résultat.

Ne fais pas à autrui ce que tu ne voudrais pas qui te fût fait, est une maxime entièrement destinée à régler les actions des hommes ; elle a une signification, un but terrestre ; et du moment que la société commença à s'organiser, elle dut sortir de toutes les pensées, comme l'expression du besoin le plus général et le mieux senti.

Sans cette convention tacite, il n'y avait pas de société possible.

Si l'on voulait savoir comment la religion et la morale ont été mêlées ensemble, on en trouverait la raison dans l'intelligence bornée de toute société qui commence, et dans la nécessité de faire intervenir Dieu pour sanctionner l'œuvre des législateurs. Tous ceux qui ont voulu exercer une certaine influence sur les hommes primitifs, ont parlé au nom de la

---

* Cette question recevra de plus amples développements à la suite de cet ouvrage.

Divinité : témoin Numa, témoin Moïse, qui nous dispensent de pousser plus loin nos citations.

Mais de ce que, dans des siècles d'ignorance, on a jugé le concours de la religion nécessaire pour faire accepter l'instruction morale, il ne s'ensuit pas que ce concours soit nécessaire aujourd'hui. D'ailleurs, nous devons distinguer le clergé de la religion, et les intérêts de Rome de ceux du christianisme. Nous sommes persuadé que la morale est mal enseignée partout; que ceux qui revendiquent le monopole de l'enseignement ne le réclament que dans l'intérêt de leur domination ; aussi demandons-nous un enseignement moral plus large, plus désintéressé, que celui qu'on veut nous donner.

CHAPITRE VIII.

Opposition du Clergé et de la Philosophie.

M. Cousin, dans un excellent écrit placé en tête
d'une traduction de Tennemann, dit ces paroles re-
marquables : « Le clergé attaque la philosophie par
« la raison ; or, la raison est la véritable philoso-
« phie ; ainsi, c'est attaquer la raison par la raison.
« Une chose ne peut se contredire elle-même : donc
« la philosophie ou les arguments du clergé ne sont
« pas la raison. »
Ici il s'agirait, en définitive, de juger le fond
de la question : mais il nous semble qu'elle est déjà
décidée, puisque la religion du Christ, issue du pla-
tonicisme auquel elle semble avoir emprunté quel-
ques-unes de ses idées mystiques, s'accommodait
très-bien, dans les commencements, du voisinage de la philosophie. Les pères de l'Église, nous
devons en excepter toutefois Tertullien, Arnobe, et

Lactance, ont toujours regardé le christianisme et
la philosophie comme d'accord.

Nous le demandons à tout lecteur de bonne foi,
n'est-il pas évident, d'après ce qui précède, que le
clergé actuel est travaillé par une grande pensée qu'il
déguise et qu'il entoure, autant qu'il est en lui, de
sophismes? S'il a la prétention d'enseigner, ce n'est
point qu'il soit capable d'enseigner, mais c'est qu'il
façonnerait les hommes à sa manière : il y a là une
pensée d'ambition, et non une pensée sociale. Le
clergé s'est mis en révolte trop flagrante contre les
lois du pays pour donner le change sur ses intentions.

A la vérité, la faiblesse, ou pour mieux dire
l'absence de tout enseignement moral, a donné lieu
à des récriminations qui ne manquent pas de justice. L'enseignement moral n'existe point, c'est un
fait avéré; mais est-ce le clergé qui doit en être exclusivement chargé? Ne l'a-t-il pas eu déjà? Et
comment a-t-il rempli cette importante mission?
L'a-t-il regardée comme son unique affaire? Le chapitre suivant va jeter quelque lumière sur ces importantes questions.

CHAPITRE IX.

**Affaire principale du Clergé , qui u'est pas l'enseignement
moral.**

Si l'on s'en rapportait aux personnes intéressées,
on les trouverait impeccables. Qui est-ce qui manque d'arguments pour défendre même une mauvaise
cause *? Les arguments que nous cherchons, nous,
sont les faits. Le clergé peut, avec beaucoup de bonne
foi, croire que l'enseignement moral lui appartient,
à l'exclusion de tous autres ; mais il ne trouvera pas
mauvais que nous examinions comment il enseigne.

D'abord nous sommes obligés de remarquer qu'indépendamment des intérêts particuliers qui l'absor-
bent, le clergé a pour principale affaire de prier. La
prière est pour lui une occupation de tous les jours.

* Voyez les débats de la Chambre : n'y justifie-t-on pas tout
ce qui est fraude, corruption, et violence? N'y est-on pas arrivé à vouloir démontrer que le mal est le bien et le bien le
mal?

Il prie régulièrement à heures fixes. Les autres parties de la journée sont soumises aux cas fortuits de la profession.

Le dimanche seulement, je parle du clergé régulier et non des prédicateurs nomades, une heure de temps environ est consacrée à ce qu'on appelle *prône* ou *instruction religieuse*. Serait-ce assez, même lorsque ces prédications seraient entièrement destinées à l'enseignement moral? Il faut convenir que la morale n'est point appréciée par le clergé selon son importance sociale, et qu'il ne la classe pas en première ligne, quoi qu'il en dise, dans la série de son enseignement.

On fera valoir sans doute, et avec raison, la puissance du bon exemple que donne généralement le clergé. Je suis prêt à le reconnaître, les vertus de beaucoup de prêtres de la dernière classe sont très-édifiantes ; mais il a eu le malheur de produire des Mingrat, des Contrafatto ; et encore de nos jours, un chanoine de Verdun, ainsi qu'un desservant dont le nom ne me revient point, ont été accusés (si l'on en croit le journal *Le Siècle*), le premier, d'une soustraction frauduleuse ; le second, de complicité dans un empoisonnement [*].

[*] Dans l'empoisonnement d'un mari par sa femme ; ce fait s'est passé dans le Midi.

Ces faits sont isolés, sont rares ; cependant ils paralysent en grande partie ce qu'on pourrait appeler l'enseignement de l'exemple.

Le besoin d'être parfaitement fixé sur la valeur de l'enseignement ecclésiastique nous a porté à faire un relevé de tous les sermons imprimés, produits par l'Église de France : nous nous sommes convaincu qu'il en est beaucoup plus qui traitent des points de dogme que de la morale. Ce reproche peut être appliqué, jusqu'à un certain point, aux protestants.

Ici, nous devons faire une remarque dans l'intérêt de la vérité : c'est que les prêtres catholiques impriment peu, eu égard à leur nombre très-considérable : cela est si vrai, qu'ils ont beaucoup moins de sermonnaires que les protestants. La question qui nous occupe ne pourrait donc être régulièrement vidée par l'inspection de leurs livres ; et il reste encore à déterminer quel est l'esprit de la prédication appelée *prône*.

Mais, à cet égard, quoiqu'il ne nous soit pas possible d'en fournir des preuves écrites (les prêtres en conviennent d'ailleurs de très-bonne foi), l'enseignement du dogme est infiniment plus développé que celui de la morale : il y a beaucoup de membres du clergé qui pensent que la chose est très-bien ainsi, et qui ne font aucune difficulté de l'avouer. Je veux respecter leurs convictions, je me contente d'y trouver une preuve de ce que je cherche, savoir, que la morale n'est qu'un objet secondaire dans l'enseignement religieux. Il ne m'en faut pas davantage pour désirer que d'autres que le clergé soient chargés de l'instruction des hommes.

CHAPITRE X.

Le Clergé est insuffisant pour l'enseignement moral.

Le clergé a le tort de faire des appels trop fréquents à la foi. La foi, c'est l'abnégation de la raison. N'a pas la foi qui veut, quand on a été doué d'une intelligence tant soit peu vigoureuse.

Cette nécessité de croire à des choses sur lesquelles l'esprit n'a aucune prise ne convient pas à l'enseignement moral, où tout doit être de conviction.

Invoquer le nom de Dieu pour faire admettre des faits inouïs est une méthode fort commode. Dieu a parlé, je dois me taire ; mais Dieu a-t-il parlé ? Vous le dites : d'autres l'ont dit aussi ; et cependant, il ne vous en coûtera pas d'en faire l'aveu, d'autres se sont évidemment trompés.

Les Indous, par exemple, n'ont-ils pas eu leur révélation ? ne leur a-t-elle pas enseigné qu'il y a un Dieu en trois personnes, savoir : Brahma, créateur ; Vichnou, conservateur, et Shiva, destructeur et rénovateur? Tout cela est fondé en raison, puisque c'est la représentation fidèle des phénomènes que nous offre le monde matériel ; et pourtant vous n'y croyez pas, et vous vous moquez de la révélation des Brahmes.

La vôtre est plus réelle, dites-vous? c'est possible ; mais du moins elle n'est pas l'aînée ; et vous ne la prouvez pas mieux que vos prédécesseurs, car la révélation ne se prouve point : elle n'a d'utilité que parce qu'en matière de croyances religieuses, elle dispense de toute preuve.

Ainsi, le dogme religieux n'a que faire dans l'enseignement de la morale. Comme il confond la raison, et que la morale s'adresse essentiellement à la raison, il n'y a aucune connexité entre eux.

Qu'un prêtre, comme chef de la prière, m'appelle à lui quand je veux élever mon âme à Dieu, je me rendrai facilement à son appel, la prière est aussi un besoin de mon cœur ; que dans l'effervescence de son zèle il cherche à m'expliquer les relations du ciel et de la terre, son intention est excellente, et je n'ai aucun intérêt sérieux à le contrarier : il peut donc me conduire dans une région qui m'est inconnue, et où je le suis sans répugnance, quoique j'y marche en tâtonnant : mais lorsqu'il s'agit

de principes et de devoirs, j'exige une conviction
tout entière, que les dogmes ne contribueraient
point à me donner.

Pour qu'un enseignement soit complet, il ne faut
pas qu'il laisse dans le vague. La certitude que je
cherche, le clergé ne peut me l'offrir, lui qui a une
double nature, celle de prêtre et de moralisateur.
Comme il a pour but, d'une part, l'homme, et de
l'autre, le ciel, sa pensée est ambiguë, de même que
l'enseignement qu'il professe, et il lui est fort difficile de n'en point embrouiller les éléments.

Du reste, nous ne voulons pas enlever au clergé
le droit d'enseigner, nous voulons un enseignement
autre que le sien. Qu'il professe à sa manière, peu
nous importe, pourvu que son droit ne soit point
exclusif.

Un fait très-important à constater, c'est que la
moralité diminue et que le clergé, au lieu de s'en
préoccuper et de redoubler d'efforts pour arrêter le
mal, ne cherche qu'à s'insinuer dans l'enseignement
civil. Demander une surcharge quand on porte
difficilement le poids dont on est déjà chargé, est
une prétention trop absurde pour que ce soit la véritable pensée du clergé. Il a nécessairement d'autres vues qu'il dissimule.

Sans vouloir pénétrer dans ce mystère, qui nous

éloignerait de notre sujet. nous n'en sommes pas moins fondé à demander que les laïques soient appelés à suppléer à l'insuffisance de l'enseignement moral ecclésiastique.

CHAPITRE XI.

De la Philosophie.

Maintenant, qui pourrait remplacer le clergé dans l'œuvre pour laquelle nous le croyons inhabile? Serait-ce la philosophie? Mais d'abord, qu'est-ce que la philosophie? cette question est peut-être justifiée par ce qu'il y a de peu arrêté dans la science qui porte ce nom.

La philosophie est, dit-on, l'amour de la sagesse : je le veux bien, mais l'amour de la sagesse n'est pas une science. Qu'est-ce d'ailleurs que la sagesse? Ce mot n'est-il pas très-différemment entendu? On est sage quand on ne choque point les idées reçues, quand on comprend bien ses véritables intérêts : cela suffit-il pour être philosophe?

Tennemann a fait l'histoire de la philosophie, et cette histoire est tout au plus celle des erreurs de l'humanité. Nous nous en occuperons plus tard,

afin d'en apprécier la portée. L'ouvrage de Tennemann constate les efforts de quelques hommes supérieurs pour arriver à la découverte de la vérité. La
vérité est donc le but de la philosophie : mais jusques où faut-il arriver dans la vérité, pour avoir
conquis la science philosophique ?

La philosophie est-elle la réunion de toutes les
connaissances ? ce n'était pas l'opinion de Socrate, car
il prouve très-bien, dans *les Rivaux*, que chaque
partie de la science humaine peut être cultivée par
une spécialité qui la connaîtra mieux que celui qui
veut tout embrasser * ; alors il en résulterait que la
philosophie étant partout en seconde ligne, elle ne
serait réellement pas utile. La philosophie, selon
Socrate, est la connaissance de soi et la pratique de
la vertu **.

---

* Cette démonstration est devenue bien plus puissante depuis que chaque science exige des spécialités et des études qui
durent toute la vie d'un homme. Du temps de Socrate, la
science était légère de bagage, et les grammairiens suffisaient
pour l'enseigner.

** Si la philosophie est, comme nous n'en doutons pas, la
connaissance de soi et la pratique de la vertu, il est bon de
dire aussi que son but est l'agrandissement de l'intelligence, le
développement de la raison. La véritable philosophie, considérée non comme pratique, mais comme science, serait la vérité. Or, la vérité absolue n'est point du domaine de l'homme.

Si la base de la philosophie est le *doute*, et ses moyens de progrès l'*examen*, où trouverons-nous un livre dont nous puissions dire : Ceci enseigne la philosophie? La sagesse humaine n'est nulle part formulée en livre élémentaire assez bref et assez explicatif, en même temps, pour que chacun puisse l'étudier et le comprendre.

Sans doute, la philosophie est très-morale et elle enseigne la morale; mais ce n'est pas là sa seule occupation : elle cherche la vérité en toutes choses, c'est-à-dire qu'elle embrasse l'homme tout entier.

Quand elle explique le mécanisme des sens, les fonctions de l'intelligence, sous le nom de métaphysique, la philosophie peut éclairer, mais elle ne moralise pas. Quand elle cherche à pénétrer dans les secrets de la nature et que souvent elle y parvient, elle ne moralise pas non plus. La morale est donc

elle appartient à Dieu. Il y aura toujours des choses sur lesquelles l'homme ne saura point la vérité, parce qu'elles sont au-dessus de sa portée. Cela n'empêche pas le philosophe de chercher à connaître le plus de vérités possible, et de combattre l'erreur qui est l'opposé de la vérité.

Les moyens de la philosophie sont le doute, l'examen, et la déduction : elle exerce le jugement de manière à lui donner une grande puissance; c'est ainsi qu'elle perfectionne la partie intellectuelle de l'homme.

une partie de la philosophie, mais non pas la philosophie tout entière. Voyons comment Tennemann
nous en a rapporté l'histoire.

CHAPITRE XII.

Histoire de la Philosophie, par Tennemann.

D'après l'auteur que nous analysons, l'histoire de la philosophie présente les efforts de la raison humaine tendant à réaliser l'idée de la philosophie. Cette science se rattache à toutes les autres, parce que la raison est la base de tout savoir. Elle a pour but les alternatives continuelles de progrès ou de décadence subies par l'esprit humain. Pour arriver à cette connaissance, il faut se livrer à l'étude des faits en y ajoutant celle des causes.

Tennemann distingue trois périodes dans l'histoire de la philosophie : la première se fait remarquer par un mouvement libre et sans méthode de l'intelligence, marchant à la découverte des principes; c'est la philosophie grecque et romaine. La deuxième, dans un même but, agit d'abord sous l'influence d'un principe supérieur, la *révélation*, et ensuite, pour s'affranchir de cette même influence, elle se soumet aux formes arbitraires de la dialectique ; c'est le moyen âge. La troisième semble n'avoir d'autre mission que celle de coordonner en système, de compléter les connaissances humaines.

Avant de développer ces trois points principaux, l'auteur s'arrête à des considérations préliminaires d'une assez grande étendue. Telles sont celles qui se rapportent à la pensée dominante des différents mythes de l'antiquité.

Dans l'origine, l'idée religieuse se mêlait à tout et ne se montrait néanmoins que sous une forme symbolique et mystérieuse. Les Indous, si anciennement civilisés, sont les premiers qui aient dogmatisé sur un Dieu en trois personnes, sur la préexistence de l'âme, sur son émanation, sur sa chute, sur sa purification, et sur son immortalité. La révélation, une fois admise au milieu d'eux, ouvrait la porte à toute sorte de croyance qu'il n'était plus possible de rejeter : c'est là le danger de la révélation.

A la suite de leurs argumentations religieuses, deux sectes de la philosophie indienne, les Brahmines et les Bouddhistes ou Gymnosophistes, introduisirent dans leurs croyances le réalisme, l'idéalisme, le théisme, l'athéisme, le matérialisme, et le spiritualisme, que les modernes ont eu seulement la peine de rappeler. Toute l'antiquité asiatique a cru à un Dieu qui se révèle sous une triple forme, avec une distinction de première et de seconde personne. Les Chinois adoraient le ciel, maître suprême des génies inférieurs; les Perses adoraient le feu, symbole de la vie, et le temps infini, d'où ils faisaient tout sortir; les Égyptiens, sous l'emblème d'Isis et d'Osiris, avaient en vue le principe de la reproduction; mais la partie de leur religion réservée aux prêtres nous manque, et c'était là, sans doute, que se trouvaient renfermées les idées philosophiques qu'on chercherait vainement soit dans le sabéisme, soit dans le fétichisme, soit dans le culte du Phalus; les Hébreux ont commencé par établir le système du monothéisme, mais les idées philosophiques leur vinrent de la Grèce par Alexandrie; et c'est Philon et Flavien Josèphe qui ont le plus contribué à les en doter.

Tennemann affirme qu'un certain Aristéas imagina la fable de la traduction d'un Nouveau Testament en grec, et qu'Aristobule supposa des livres apocryphes. Nous avons vu de nos jours, par esprit national, un Espagnol chercher de cette manière à dépouiller la littérature française du beau roman de Gil-Blas : il n'est donc pas étonnant que le fanatisme juif se soit avisé d'une supercherie analogue pour prouver que les Grecs avaient emprunté des Hébreux et non les Hébreux des Grecs.

Quoi qu'il en soit, la véritable philosophie n'a commencé qu'en Grèce, comme science ; et il n'y a eu que là, méthode et véritable langue philosophique. Les Grecs, bien plus indépendants que les autres nations, s'occupèrent de la recherche de la vérité, après avoir secoué le joug de la religion *, de la poésie, et de la politique.

Comme dans la philosophie moderne, il y a eu dans la philosophie grecque trois périodes qu'on peut séparer ainsi : de Thalès à Socrate ; de Socrate à la réunion du portique et de l'académie, et de cette dernière époque à la fin de la propagation de la philosophie grecque par les Romains et par les Juifs. Ni l'une ni l'autre de ces nations n'eurent une philosophie à elles ; elles ne surent qu'imiter.

Durant la première période, Thalès de Milet, Anaximandre, Zénon d'Élée, Phérécide, se sont occupés de l'*origine*, du *principe élémentaire*. L'un pense le trouver dans l'eau, un autre dans l'infini,

---

* Cette nécessité où fut la philosophie grecque de secouer le joug de la religion, prouve que depuis longtemps les prêtres ont exploité l'erreur dans un intérêt particulier. Dans l'état actuel où se trouvent les choses, la remarque peut être utile.

un troisième dans Zeüs (*Jupiter*), l'air, le temps et le cahos : ils varient sur l'essence de l'âme, qu'ils regardent tantôt comme un principe *actif*, tantôt comme immortelle. Pythagore trouve les éléments des mathématiques, de la musique, de l'astronomie ; il applique les nombres à la psychologie et à la morale, combat le suicide, enseigne à prendre de l'empire sur soi-même ; recommande l'amitié, donne une idée du droit. Zénophane de Colophon établit qu'aucune chose ne venant de rien, aucune chose ne peut changer [*] : il est le premier cependant qui enseigne à dégager l'idée de Dieu, des images qui le reproduisent. Parménide d'Elée établit la distinction du positif et du négatif ; Héraclide d'Éphèse suppose que le monde n'est l'œuvre de personne, que c'est un feu qui s'allume ou s'éteint dans un certain ordre de choses. Démocrite devine les constitutions atomiques et croit reconnaître quatre éléments simples. Anaxagore de Clazomène enseigne un esprit ordonnateur du monde qu'il appelle *Nous* (Νους).

La seconde période est le temps des sophistes, gens sans amour pour la vérité, qui créent une

---

[*] Zénophane se trompe, la vie n'est qu'une transformation perpétuelle.

science dialectique, au moyen de laquelle ils répon-
dent à tout. Les sophistes forcent les philosophes à
soutenir des controverses en règle, qui donnent plus
d'éclat à la vérité. Parmi les philosophes de cette
époque, on distingue Socrate et Platon dont nous
reparlerons plus tard ; Aristippe de Cyrène, qui enseigne l'art de jouir ; Zénon, qui prétend au contraire que la volupté ne peut être atteinte et que la
mort est préférable à la vie ; Pyrrhon et Timon, qui
doutent de tout et donnent naissance au scepticisme ;
Aristote de Stagyre, précepteur d'Alexandre, élève
de Platon, qui veut que le monde soit éternel, et qui
groupe toutes les sciences autour de la philosophie ;
Épicure, qui nie l'immortalité de l'âme.

Au milieu du conflit de toutes ces opinions diverses, peu s'adressent à l'enseignement moral, et quel-
ques-unes sont si formelles, qu'elles doivent produire autant de mal que de bien. La morale des
stoïciens, par exemple, admet le suicide, tout en
disant d'excellentes choses sur la vertu.

La troisième période est celle des Romains, commune aussi aux Juifs. Elle a produit une fluctuation
dans les doctrines, qui sont tour à tour revenues
d'Épicure à Platon, de Sextus Empiricus à Épictète,
et qui a fini par nous donner la philosophie chrétienne.

Il nous importe peu maintenant de savoir à quelle secte appartenaient Galien, Sénèque, Flavius Aria-nus, Athénodore de Tharse, Marc Aurèle et Anto-nin; le fait capital, pour nous, est de savoir qu'au milieu de ces idées plus scientifiques ou religieuses que morales, le vulgaire ne peut trouver l'instruc-tion dont il a besoin. Ce n'est pas qu'il n'y ait d'ex-cellentes choses, mais elles ne présentent pas un corps de doctrine, et elles ont l'inconvénient de se faire chercher. D'ailleurs, nous devons le dire, elles sont insuffisantes. La philosophie moderne elle-même est passible d'un pareil reproche; et, sans parler de la scolastique du moyen âge, enseignée par Abeil-lard, Tauler de Strasbourg, et Charlier de Gerson, nos livres de philosophie ne peuvent profiter qu'aux érudits et aux savants.

Nous en allons donner la preuve en les soumettant à de courtes analyses.

CHAPITRE XIII.

De Socrate et de Platon.

Si nous avons cru devoir réserver Socrate et Platon pour les rapprocher de la philosophie moderne, c'est que ces deux grands philosophes sont peut-être ceux qui ont le plus jeté d'idées saines dans la société. Qu'on se reporte aux temps de Socrate et qu'on juge ce qu'il y a de sublime dans l'abnégation de cet homme qui attaque le polythéisme par amour pour la vérité, et qui meurt par respect pour la loi, mais afin qu'une mauvaise loi soit rapportée.

Socrate n'a point écrit : nous ne le connaissons que par ses disciples Xénophon et Platon, et ensuite par Aristote, Cicéron, Plutarque, Sextus Empiricus, Diogène Laërce et Apulée.

Les doctrines de Socrate avaient exclusivement pour objet des idées d'ordre moral et religieux. Il voulait le perfectionnement de l'homme, comme créature raisonnable. Sa méthode d'enseignement est de faire des recherches au moyen de l'induction et de l'analogie, comme s'il était ignorant : il croit à un seul Dieu : rien n'est beau pour lui que la vertu et rien n'est laid que le vice.

Socrate aime mieux l'harmonie *des pensées* et *des paroles* que *celle de la lyre* : il croit que l'homme de courage doit avoir toutes les vertus, afin de ne fléchir dans aucune circonstance où il y a combat physique ou moral. (Lachès ou la Valeur). Dans son dialogue intitulé *Alcibiade*, il déclare qu'il n'y a de justes et de sages que ceux qui rendent à Dieu et aux hommes ce qui leur est dû. Il ajoute que Dieu seul peut dissiper les ténèbres de notre âme ; et il en conclut qu'il ne faut pas le prier sans s'être bien recueilli. Ce même dialogue contient une formule de prière qui paraît dictée par la plus saine raison : « Mon Dieu, donne-nous les biens qui nous sont né- « cessaires, soit que nous les demandions, soit que « nous ne les demandions pas ; et éloigne de nous « les maux quand même nous les demanderions. » Socrate pense en outre que les sciences sont inutiles, lorsqu'elles ne conduisent pas au bien ou au vrai.

La question de l'immortalité de l'âme ayant paru douteuse à Cebès, Socrate avoue qu'on ne peut la

traiter avec certitude, mais seulement avec des probabilités. Il est persuadé néanmoins que la réalité
de l'âme se manifeste par la pensée, et que la mort
est la séparation de l'âme et du corps. Vers la fin
du Phédon, il répond à un de ses disciples qui lui
demande : — Comment voulez-vous être enseveli?
—« Comme il vous plaira. » Puis il ajoute en sou-
riant : « J'ai donc parlé si longuement sans vous
« faire comprendre que lorsque j'aurai bu la ciguë
« je ne serai plus parmi vous, mais que je jouirai
« de la félicité éternelle! » Il insiste alors sur la séparation des deux natures, et sur ce que, l'âme en-
volée, le reste ne lui semble plus lui.

Dans son apologie, Socrate se défend avec autant
de simplicité que de logique : « Je n'ai jamais fait
« métier d'enseigner, dit-il aux Athéniens : j'ai
« parlé volontiers devant ceux qui sont venus m'en-
« tendre, jeunes ou vieux. Si j'ai corrompu la jeu-
« nesse, comme on fait semblant de le croire, il ne
« manque pas de gens qui peuvent déposer, car
« j'en vois beaucoup autour de moi qui ont suivi
« ma personne et écouté mes discours. »

« Vous êtes dans l'erreur si vous croyez qu'un
« homme qui vaut quelque chose, doive considérer
« les chances de la mort quand il s'agit de faire
« le bien. A Potidée, à Amphipolis, à Delium, j'ai

« gardé fidèlement, comme un brave soldat, les
« postes qui m'étaient confiés par nos généraux.
« Que diriez-vous de moi si la crainte me faisait dé-
« serter les sentiers de la philosophie, où je puis
« être utile par l'examen que je fais des autres et
« de moi? Si vous me disiez, ô Athéniens, nous re-
« jetons l'avis d'Anytus et nous te renvoyons ab-
« sous, pourvu que tu renonces à tes recherches
« accoutumées et à la philosophie, je vous répon-
« drais : Je vous honore, je vous aime, mais j'o-
« béirai à Dieu plutôt qu'à vous. »

Plus loin on trouve encore :

« Si je m'étais mêlé des affaires de la république,
« il y a longtemps que je serais mort ; car, vous le
« savez bien, quiconque voudra empêcher de com-
« mettre des illégalités et des injustices, ne le fera
« jamais impunément. Celui qui veut combattre
« pour la vérité, doit demeurer simple particu-
« lier. »

Après sa condamnation, Socrate parla encore
avec beaucoup de sagesse, puis il finit ainsi : « Il
« est temps que nous nous quittions, moi pour
« mourir et vous pour vivre. Qui de nous a la meil-
« leure part? personne ne le sait, excepté Dieu. »

Platon étant l'historiographe de Socrate et son
élève, il y a tant de rapport dans les doctrines de

ces deux philosophes, qu'il n'est guère possible de les séparer. L'un et l'autre semblent avoir été les précurseurs du christianisme.

En effet, le Christ et Socrate meurent pour la vérité : ils instruisent les hommes, connaissant tout le danger de choquer les passions du cœur et les idées reçues ; mais tous deux portent l'abnégation jusques au dévouement le plus sublime. Socrate plus énergique, plus simple ; le Christ plus onctueux, plus inspiré par une poésie douce et mélancolique. L'un, arrivé le premier, a préparé les voies ; l'autre les a suivies et a poussé l'enseignement moral jusques à son dernier terme. Platon doit se placer entre eux, comme un intermédiaire qui rattache leurs doctrines.

Le langage de ce dernier est tellement passé dans le christianisme, que c'est à lui que nous devons le mot *saint* et *sainteté*, pour désigner ce qui est conforme aux inspirations de la vertu ; et le mot *impie* pour désigner ce qui y est contraire. L'imagination de Platon, un peu rêveuse, se complaisait à appeler Dieu le *Grand Géomètre*, et à placer dans son ternaire une idée mystique ayant quelque rapport avec la Trinité. Dans les représentations du culte catholique, le triangle symbolique qui lance des rayons est à coup sûr un souvenir des enseignements du Jardin d'Académe.

Mais ce n'est pas sous ce point de vue que nous voulons pour le moment considérer Platon. Ce grand philosophe, qui était aussi un grand poète *, a écrit sur la politique et sur l'art de donner aux hommes les meilleures institutions qui puissent leur convenir. Il s'est donc occupé de lois, de formes de gouvernement, enfin de ce qui se lie au bonheur des hommes, en perfectionnant la société. Il va sans dire qu'un des grands moyens de Platon pour perfectionner l'humanité, c'est de soigner en même temps l'éducation morale et l'éducation physique **.

Dans sa république, Platon admet les principes adoptés par les sociétés modernes. Ses idées sur les arts, sur le commerce, sur l'importance de l'agriculture, sont les nôtres : il ne veut ni opulence ni pauvreté, parce qu'il les regarde comme des extrêmes qui menacent également la sécurité des États : il veut avant tout former de bons citoyens, et par

---

* Rien n'est plus beau, plus poétique, que ces mots de Platon, prononcés devant ses disciples au cap Sunium : « Le temps, « cette image mobile de l'immobile éternité. » J.-B. Rousseau les a placés dans une de ses odes.

** Platon était donc de mon avis, et la pensée principale de mon livre a pour elle les plus respectables autorités.

conséquent des mœurs : il croit aussi à la nécessité de bien élever les femmes.

Comme prescriptions générales, Platon défend l'incendie et la dévastation pendant la guerre : il ordonne la tempérance et la justice, pose en principe que celui qui gouverne ne doit songer qu'aux intérêts des gouvernés, et affirme qu'un tyran est *un fils* ingrat, un véritable *parricide*.

Selon Platon, le beau idéal des gouvernements serait celui qui effacerait de son vocabulaire le mot *propriété*. Il voudrait que tout y fût en commun, même les enfants et les femmes. Lacédémone a joui, à peu de chose près, de cet avantage et ne s'en est pas très-bien trouvée. Ce type est à coup sûr impossible dans nos grandes agglomérations modernes. Le second type est fondé sur des lois qui règlent tous les rapports civils, tels que la naissance, l'éducation, le mariage, toute la vie de l'homme depuis la jeunesse jusques à la mort. Ces lois traitent également de la fortune, de la propriété, des conventions équitables, de la nécessité d'observer les lois, des peines portées contre ceux qui les violent, du juste, de l'injuste, de l'effet des passions sur l'âme, de l'adversité, des accidents de la guerre, des maladies, de la pauvreté, enfin de la sépulture des morts.

Tout cela est excellent à connaître pour un législateur, mais je doute qu'un simple particulier trouvât à y perfectionner son naturel, dans le court délai que les hommes de travail peuvent donner à une pareille occupation. Platon n'en est pas moins un homme d'un grand sens et d'un excellent conseil. Nous trouvons partout, soit dans nos institutions religieuses, soit dans nos institutions civiles, des traces de son génie.

Une chose qui ferait presque de Platon un homme de nos jours, c'est qu'il veut que les considérations morales se mêlent à tout et dominent tout ; il ordonne aussi que les lois soient motivées par des exposés, ce qui se fait maintenant.

Platon, comme nous l'avons déjà dit, attachait au nombre trois un sens mystique. Sa trilogie politique, ou ses trois formes de gouvernement, en sont une nouvelle preuve. Nous avons fait connaître précédemment les deux premiers types. La mort a empêché l'auteur de nous faire connaître le troisième. En écrivant sur la république, Platon ne cache point son goût pour les gouvernements mixtes : il craint autant l'anarchie que le despotisme. Sa pensée, et en cela il s'est montré prophète, est que le gouvernement d'Athènes, comme pure démocratie, et celui de Perse, comme pure aristocratie, ne pouvaient durer

En considérant l'influence de la philosophie de Socrate et de Platon * sur la civilisation humaine, on ne peut s'empêcher d'être saisi de respect pour ces deux immenses capacités morales et intellectuelles : il est bien peu d'hommes qui aient autant marqué dans l'humanité.

* Platon n'est pas aussi clair, quand il exprime ses propres pensées, que lorsqu'il nous transmet les leçons de Socrate. En général, on peut remarquer que les Grecs sont un peu ergoteurs : ils aiment les subtilités.

CHAPITRE XIV.

De la Philosophie moderne.

La différence capitale entre la philosophie moderne et la philosophie ancienne a été très-bien caractérisée par Reid, chef de la philosophie écossaise. Selon ce professeur, la science ancienne tenait peu de compte des faits et s'occupait beaucoup à formuler des théories ; tandis que la science moderne s'occupe d'abord des faits, et n'admet les questions qu'en seconde ligne.

L'observation *saisit* donc *la surface des choses*, et l'intelligence *seule peut aller au delà*. Selon les Écossais, toutes les sciences philosophiques dépendent de la psychologie : ils leur ont encore assimilé les sciences physiques, prétendant que leur but est le même : à savoir, *la connaissance des œuvres de Dieu*. Cela est fort bien dit à certains égards, mais c'est rejeter

la philosophie dans le vague des définitions, c'est
en rendre le but moins saisissable.

D'après une pareille direction acceptée, rien n'est
moins étonnant que de voir la philosophie moderne
se jeter dans la métaphysique et s'occuper particulièrement d'expliquer l'entendement humain. Cela
est bon sans doute, je n'y vois qu'un inconvénient,
celui d'oublier un peu trop le perfectionnement du
sens moral. Kant est le seul qui ne se soit pas égaré
dans ce système, et nous lui devrons plus tard des
documents précieux pour la réalisation du plan que
nous avons ébauché ; mais avant d'en venir à cette
partie importante de notre ouvrage, il faut que nous
achevions de faire connaître l'état des travaux de la
philosophie, et les ressources que présentent les différents écrivains philosophes, pour hâter le grand
œuvre de la moralisation.

Nous ne voulons pas nous enfoncer dans les obs-
curités de la philosophie allemande : nous croyons
certainement, avec Hégel, que *ce qui est rationnel
est réel, et que ce qui est réel est rationnel* ; mais nous
ne voyons pas la nécessité d'écrire des volumes pour
le démontrer : il nous semble tout aussi peu essentiel de nous enfoncer dans l'obscurité des objectifs,
des subjectifs ; dans le dogmatisme, l'empirisme, le
néologisme, le naturalisme, le supernaturalisme,

le rationalisme *, et toutes ces distinctions alam-
biqueés, qui sont loin d'être de la philosophie. La
raison parle un autre langage : son premier soin
doit être de se faire comprendre.

Nous ne perdrons pas, d'ailleurs, de vue que les
philosophes ne sont pas plus la philosophie, que les
théologiens ne sont la religion, et les médecins
l'art de guérir. L'homme, même lorsqu'il a du génie, est sujet à l'erreur; et une science n'est jamais
créée que par une suite d'individus, après de longs
tâtonnements.

Ainsi nous pouvons reconnaître, et les analyses
qui vont suivre en seront une preuve complète, que
si les faits de la philosophie sont maintenant assez
connus, ils ne sont pas formulés avec méthode, et
qu'il faut les chercher, pour bien dire, un à un,
afin de se composer soi-même un système de clas-
sification qui mette de l'ordre dans un véritable
cahos.

* Nous avons vu que ce galimatias n'est pas nouveau : il appartient à la philosophie indienne.

CHAPITRE XV.

Puffendorf.

Dans son livre *des devoirs du citoyen, prescrits par la loi naturelle*, Puffendorf explique ce que c'est que la loi en général, et quelle doit être son action sur les sociétés humaines. Sa philosophie est si fort en contact avec le droit, qu'il est presque impossible de les séparer ; néanmoins, puisqu'il s'agit ici de principes, nous reproduirons ceux qui, pour le développement des idées morales, nous paraîtront avoir un certain degré d'utilité.

Puffendorf explique très-bien comment la loi naturelle dérive de la nature des choses et comment la loi écrite ou positive modifie ce qu'il y a de trop illimité dans celle-là. Il croit que la grande règle de l'humanité doit être : *Abstiens-toi de ce qui nuit* ; et il donne les moyens d'apprécier la valeur des actions de l'homme.

Il remarque d'abord que la volonté humaine n'est pas toujours en parfait équilibre, qu'elle est modifiée par les dispositions de nos organes et par nos inclinations ; d'après cela, il juge qu'une action, pour être bien appréciée, doit être libre ou volontaire, et doit être faite avec discernement.

Une action, dit-il, *peut être forcée.* Dans ce cas, il ne faut pas oublier que les actes d'autrui ne peuvent nous être imputés qu'autant que nous pouvons ou que nous devons les diriger. On n'est point responsable de ce qu'on fait par ignorance, quand ce qu'on ignore on n'est pas obligé de le savoir. Celui qui erre faute d'intelligence n'est point coupable : on ne peut réclamer contre l'omission d'un devoir, quand le temps a manqué ou qu'on n'avait pas les forces suffisantes.

Ces préceptes d'une sagesse éternelle étaient d'une grande valeur lorsque Puffendorf les a écrits. Il est très-vrai, comme il nous l'a appris, que l'union des sexes est une loi de la nature, et que le mariage, tel que nous le connaissons avec ses restrictions et ses obligations, est dérivé de la loi positive : il remarque aussi, avec sa sagacité ordinaire, que la religion a commencé l'œuvre de la civilisation, en traçant des devoirs d'homme à homme ; mais il aurait pu ajouter que les devoirs naissent des rapports sociaux, et qu'ils en sont la rigoureuse et logique conséquence.

Puffendorf était suédois. Né en Mismie en 1631, il publia son livre à Lunden, dans l'année 1673. Son grand savoir le fit appeler à la cour de Suède, où, quoique fils d'un simple prêtre luthérien, il fut nommé baron, historiographe, et secrétaire du roi. Il a développé les idées de jurisprudence dont Grotius s'était occupé avant lui ; mais il a fait son travail en homme d'une haute portée, et il peut être compté parmi les esprits les plus judicieux et les plus utiles qui aient honoré l'humanité.

CHAPITRE XVI.

Burlamaqui.

A la suite de Puffendorf se présente naturellement Burlamaqui, non qu'il ait pris une position marquée dans la philosophie, puisqu'il s'est occupé spécialement de matières de droit, mais parce qu'il a semé avec profusion des vérités qu'il a eu le talent de rendre très-claires.

Burlamaqui commence par l'explication métaphysique de l'entendement : il dit ce que c'est que la *volonté. Faculté* est, pour lui, la puissance d'agir dans un être intelligent ; la *vérité* a pour opposé l'*erreur* ou l'*ignorance* : la règle primitive des actions est la raison [*] ; le pacte social est fondé sur le faisceau

---

[*] Les théologiens n'admettent point cette assertion philosophique puisqu'ils veulent que la raison s'humilie devant ce qu'elle ne comprend pas et qu'elle soit remplacée par la foi aveugle.

des intérêts ; la loi positive doit s'écarter le moins
possible de la loi naturelle, en remplissant néanmoins son but principal, qui est le maintien de la
société.

Ces paroles sont de celles qu'il faut rendre familières à toute personne qui peut lier deux idées, parce
que la valeur des individus s'augmente en proportion des idées saines ou des vérités que l'on met dans
leur esprit.

Comme Puffendorf, Burlamaqui s'occupe de l'explication de la religion naturelle, et nous croyons
qu'ils s'écartent tous les deux des idées primitives
de l'homme isolé. Le culte à établir est un fait de la
loi positive. Toutes les fois qu'on voudra contro-
verser sur l'âme, partie insaisissable de notre organisation, ce sera toujours un problème insoluble
que celui de son immortalité, expliquée par la raison : il vaut mieux ne point s'en occuper.

On peut beaucoup apprendre dans Burlamaqui,
aussi bien que dans Puffendorf ; mais leurs ouvrages
doivent servir à créer des professeurs pour entrer
ensuite, par fragments, dans un système d'éducation morale.

CHAPITRE XVII.

Vico. — Philosophie de l'histoire.

Vico, né à Naples en 1668 et mort le 20 janvier 1744, n'admet point l'ancienneté des Égyptiens et des Chinois. Il prétend que les dates données par la Genèse sont exactes, et que le peuple de Dieu (les Juifs) est le plus ancien peuple de la terre. Son système, tout en faveur des idées du catholicisme, et uniquement imaginé pour le faire valoir, repose sur une foule de pensées plus ou moins probables qu'il admet comme des axiomes, sur lesquels il élève son monument.

D'abord, il divise le passé en âge héroïque et en âge civilisé. Cette division l'amène à reconnaître l'existence toute païenne des *géants foudroyés*, qui produisent l'établissement théocratique ou religieux. Il est assez singulier qu'on ait appelé *temps héroïques*, ceux où le droit de la force était en usage !

Mais le mot n'importe nullement, puisqu'il sert à séparer le commencement de la civilisation de la barbarie, et qu'on s'entend sur ce qu'il est chargé d'exprimer. A la suite, Vico s'empresse de reconnaître Hermès, Orphée, Hercule, Homère, Romulus, comme des types de caractères nationaux, comme certaines civilisations personnifiées.

Ces rêveries, présentées d'une manière plus ou moins ingénieuse, ne sont pas de nature à porter une grande conviction dans les esprits. On admettra difficilement, sans preuve, la chronologie d'un petit peuple qui sort presqu'à demi barbare du milieu d'une haute civilisation. Est-il logique de douter de l'antiquité du monde, prouvée par des calculs astronomiques reconnus exacts? La science, qui nous permet de prédire les éclipses à venir, sans nous tromper d'une minute, nous donne aussi les moyens de vérifier les éclipses passées. Nous savons en quelle constellation du ciel se trouvait le soleil dans un temps donné. Ainsi, lorsque des récits historiques se raccordent avec des phénomènes célestes observés, ils acquièrent un degré de certitude qui doit les faire passer pour la vérité. Il serait difficile de croire que des inconnus eussent fait des romans historiques pour se donner un vernis d'ancienneté, et qu'ils eussent pris la peine d'appuyer leurs menson-

ges sur des calculs scientifiques du premier ordre,
comme ceux qu'exige la connaissance du ciel. N'est-
il pas d'ailleurs démontré que la science étant peu
ancienne n'aurait pu servir à masquer les fraudes
dont nous avons parlé? Supposera-t on que le hasard a été d'accord avec les faiseurs de chronologies,
pour leur faire deviner l'état astronomique du ciel
à des époques imaginaires? Le hasard peut produire
ces choses-là une fois, mais il ne les répète pas à
plaisir.

Certainement le peuple juif, quand il quitta les
Égyptiens en leur volant leurs vases d'argent et d'or
(ainsi qu'il est rapporté dans l'Exode, chap. XII,
v. 35 et 36), était bien inférieur à ce peuple, au
milieu duquel il vivait dans une sorte d'abjection.
Il fut, longtemps après son établissement dans la
terre promise, très-peu civilisé, si on le compare
avec ses anciens maîtres *. Les Juifs sont un frag-
ment de la nation arabe, et il serait difficile de croire
à la prédilection de Dieu pour des hommes aussi
ignorants et aussi peu moraux.

Quand les Juifs esclaves sortirent du pays de servitude, comme Dieu le dit dans ses commandements,

---

* Ces idées seront développées bien plus largement dans la
suite.

le premier période de la grandeur égyptienne était passé avec Thèbes aux cent portes, et il était question des Pharaons de Memphis. Tous ces faits constituent le peuple juif dans un état d'infériorité qui ne prouve pas une origine bien antique.

Nous n'admettrons donc pas comme articles de foi, malgré l'autorité de Vico, les *fils de Noé devenus géants et sauvages* après le déluge ; d'abord, parce que l'état sauvage ne pourvoit pas d'une manière suffisante à l'alimentation, pour développer excessivement la grosseur physique des individus. Tout le monde sait que les animaux domestiques sont plus développés que les animaux sauvages, par la seule raison qu'ils sont mieux nourris.

Nous n'admettrons pas non plus que les poëmes d'Homère soient l'ouvrage de la population grecque tout entière ; ils pourraient tout au plus être l'œuvre de quelques individus privilégiés, ayant voulu constater l'état d'une civilisation.

Vico admet, comme tous les prêtres des sectes chrétiennes, l'action directe de la Providence, action qui conduit les événements par des voies cachées, et qui est encore l'objet de beaucoup de controverses ; mais il reconnaît que l'association des hommes a dû restreindre la loi naturelle. Il parle d'une république universelle très-problématique, même quand le pape en deviendrait le chef, comme on l'espérait dans le moyen âge; et cette idée platonicienne le conduit à affirmer que la *science nouvelle** *porte vers la piété, que sans religion on ne peut être véritablement sage.*

Nous serions peut-être autorisé de demander à Vico, protégé de Clément XII (Laurent Corsini), de quelle religion il entend parler. Si c'est de la religion romaine seulement, comme tout nous porte à le croire, il est probable que les réformés contesteraient son affirmation.

Quoi qu'il en soit, Vico cite un mot de Diodore de Sicile, qui blâme les nations d'avoir follement conservé les fables attachées à leur origine, et il en conclut contre les prétentions des Chaldéens, des Égyptiens, et des Chinois. Mais il nous semble qu'il en pourrait aussi raisonnablement conclure contre les Hébreux, qui n'appuient point leurs récits d'événements astronomiques.

Vico a une manière à lui d'entendre les choses et de formuler ses axiomes : « Faute de savoir le vrai,

---

* La première partie de cette assertion est fausse, et la seconde aurait besoin d'explications; car il y a plusieurs religions peu d'accord entre elles, et dans lesquelles se trouvent néanmoins des hommes sages.

« nous dit-il, les hommes tâchent d'arriver au cer-
« tain. » Est-ce que le *certain* ne serait pas pour Vico
le *vrai* connu ? Et qu'avons-nous à faire du vrai inconnu qu'il ne nous est pas permis d'atteindre ? N'est-
il pas pour l'homme comme s'il n'existait pas ?

« L'*homme*, dit-il encore, malgré son libre arbi-
« tre, ne peut changer ses passions en vertus, mais
« il est aidé par la Providence et par la grâce. » Je
le souhaite, je l'espère, sans toutefois trouver dans
ces mots l'autorité d'une démonstration.

« La philosophie considère l'homme tel qu'il
« doit être : ainsi elle ne peut être utile qu'à un
« bien petit nombre de personnes. » Mais il me
semble, à moi, qu'il est bon de dire à l'homme comment il doit être, surtout quand on lui a dit comment il est.

L'ouvrage de Vico me paraît à refaire. L'histoire
et la philosophie peuvent être plus habilement al-
liées, et il peut en ressortir une plus véritable instruction. Est-il possible que de pareils ouvrages
soient mis entre les mains des jeunes gens et qu'on
puisse croire qu'ils leur seront utiles ?

CHAPITRE XVIII.

Jérémie Bentham.

La Déontologie, mise en ordre et publiée par Bowrin, est la science de la morale. Son nom grec est composé de τό δέον (ce qui est convenable), et de λογία (connaissance), qui veulent dire ensemble : *connaissance de ce qui est juste* ou *convenable*.

Le problème que se propose l'auteur est de donner à l'action sociale toute l'influence du moteur personnel, c'est-à-dire de l'intérêt. Il établit, comme préalable, que les objets sur lesquels s'exerce la prudence humaine sont : nous-mêmes, d'abord, et puis autrui. Cette distinction tourne un peu à l'égoïsme, vice naturel à l'homme, sur lequel il ne faudrait rien établir.

Bentham divise l'idée comprise dans le mot *vertu*, en prudence et bienveillance. Par prudence, il entend l'application convenable des moyens pour arriver aux fins; et par bienveillance, la bonté active. La prudence se divise en personnelle, quand elle n'agit que pour soi, et en extra-personnelle, quand elle agit pour les autres. La bienveillance est positive ou négative : elle s'exerce par l'action ou par l'abstention. La première est de beaucoup au-dessus de l'autre, car s'abstenir n'est jamais un mérite d'un ordre supérieur.

Le bonheur (nous continuons à parler le langage de Bentham) est la possession du plaisir avec l'exemption de la peine. La première loi de notre nature est de rechercher le bonheur; la fin à laquelle tend la prudence est encore le bonheur.

Le bien public étant le but de la science, la science doit réputer une chose bonne ou mauvaise, selon qu'elle s'éloigne ou qu'elle se rapproche du bonheur public.

Là-dessus, Bentham se demande : 1° Qu'exige le bonheur public? 2° L'opinion publique s'accorde-t-elle avec le bonheur et l'intérêt du public? 3° Quelle ligne de conduite faut-il suivre, en ce qui concerne la pratique, dans les deux cas précédents?

Le philosophe répond : que la morale, la religion, la politique, ont une même fin, ce qui nécessite le rapprochement de l'homme d'État et de l'homme d'Église. Il ajoute : *Là où la récompense et* *les punitions légales cessent d'intervenir, commence l'action des préceptes moraux* [*]. La Déontologie serait donc une espèce de complément pour les codes.

Mais qu'est-ce que le plaisir? qu'est-ce que la peine? N'y a-t-il pas un vague immense dans ces mots-là, tout aussi bien que dans tout le livre de Bentham? L'auteur a beau nous dire que la peine et le plaisir sont ce que la mémoire d'un homme, aidée de son jugement, lui fait considérer comme tel; cela est encore plus vague, et nous craignons qu'il soit difficile de s'entendre sur ces mots-là.

Bentham ajoute bien que tout ce qui est plaisir est *bon*, et tout ce qui est peine, *mauvais;* mais, quoique nous le croyions sans effort, nous n'en sommes guère mieux renseignés. Le philosophe anglais a senti lui-même que son obscurité avait besoin d'être justifiée, puisqu'il l'excuse sur la manière différente dont on entend les mêmes mots et sur l'insuffisance des définitions. C'est en effet la pierre d'achoppement du langage philosophique.

Continuant néanmoins son système, l'auteur de

---

[*] Il est facile de voir que nous exposons les pensées de Bentham, que nous les expliquons sans les juger. Si nous en discutions la valeur, nous ne serions probablement pas long-temps de son avis.

la Déontologie nous apprend que le plaisir de l'a-
mour lui paraît un composé mixte de l'amitié et du
résultat des *sens* *. Puis, pour nous initier dans sa
manière d'entendre les plaisirs et les peines, il fait
une longue énumération des contrastes qui figurent
dans un classement respectif. Tels sont : *santé, maladie; nouveauté, satiété; possession, privation;
amitié, haine; pitié, cruauté; sympathie, antipathie*, etc., etc., etc. Tout cela est considéré comme
cause de plaisir ou de peine, et se renferme dans le
grand principe d'*utilité*.

Le dictionnaire de Bentham nous enseigne que
pur et *utile* sont *plaisir*; qu'*impur* et *inutile* sont
peine. Quand il a suffisamment exposé les préalables
de sa doctrine, l'auteur, en digne citoyen d'une
nation toute commerçante, établit une espèce de
balance entre les rapports de plaisirs et de peines,
dont il établit la différence au moyen d'un solde de
bien-être ou de mal-être. C'est absolument ce que
les négociants appellent un livre de raison. Du

---

* Ceci est au moins très-contestable. L'amour est si peu
mêlé d'amitié, que quand il finit, il se tourne souvent en
haine. Otez le plaisir des sens à l'amour, et voyez ce qu'il lui
reste. S'il y avait mélange, en ôtant un des éléments, on
trouverait nécessairement l'autre.

reste, Bentham avoue que le mot *bonheur* n'est pas toujours convenable pour exprimer l'idée qu'il attache au mot *plaisir,* parce que ce dernier doit exister à un degré très-élevé dans le premier.

Nous sommes persuadé que Bentham a écrit son livre avec toute la conviction que donne la bonne foi : il a voulu être utile et très-moral, puisqu'il a essayé de faire ressortir les rapports qui unissent l'intérêt au devoir; il a même cherché à prouver que ce qui est contraire au devoir est un faux calcul; mais il manque de méthode, ce qui le rend difficile à entendre; et il est froid, ce qui le rend ennuyeux.

Bentham affirme beaucoup et distingue beaucoup : il a une langue à lui, qu'il faut d'abord étudier et comprendre. Sa marche est originale et bizarre; il ne s'appuie sur rien, il va seul; mais c'est précisément parce qu'il ne tient aucun compte des autres, qu'il fera peu marcher la science : il n'est pas donné à un seul homme de créer et de perfectionner sa création.

Le traité de la Déontologie peut être considéré plutôt comme une suite de dissertations sur la morale que comme un formulaire de la science même. Rien n'y est complet et tout y manque de liaison. Les idées principales de l'ouvrage et les digressions dont il est rempli prouvent que l'auteur est érudit, qu'il ne manque pas d'une certaine profondeur ; mais on sent néanmoins qu'il écrit plutôt pour réfuter des opinions, qui ne sont pas les siennes, que pour faire avancer la science.

Plus l'auteur entre dans son système des plaisirs et des peines, moins on se sent disposé à l'adopter. On trouve que le fond de ses pensées ramène tout à l'égoïsme : son style a à peu près la sécheresse de ce vice si froid et si dépourvu de sentiments humains ! Les calculs chiffrés de Bentham font mal : le cœur n'est rien pour lui.

L'une de ses plus puissantes affirmations est que la nécessité peut être l'excuse de la conduite. Parmi les nécessités, il cite le besoin de plaire à l'opinion publique, l'influence de l'exemple du père dans la famille. Il dit que le scandale est à la sanction morale ce qu'est le parjure à la sanction politique. Quand un homme est moins heureux qu'il ne doit l'être, peu lui importe que ce soit par le fait de l'action d'autrui ou par celui des propres opinions de cet homme. Il pense, au sujet de la foi, que la faculté de croire n'est pas en notre puissance, ce qui est très-vrai ; du reste, rien n'indique qu'il soit religieux.

Pour tout raisonnement et comme preuve de la

nécessité de se bien conduire, le philosophe anglais met en parallèle deux individus dont la conduite marche en sens inverse, et qui, partis du même point, arrivent aux deux extrémités de la ligne du bien et du mal ; mais cela n'a d'autre force que celle d'une image.

L'obscurité de Bentham ne peut être contestée. On assure qu'il a eu pour but principal, dans son écrit, de lutter contre un certain professeur de l'université d'Oxford, dont il n'aimait ni les opinions ni la personne. C'était une préoccupation funeste pour chercher loyalement la vérité ; aussi sommes-nous persuadé qu'il ne l'a point trouvée. Veut-on un échantillon des phrases et des pensées de l'auteur? quelques mots vont les faire connaître :

« Un homme se fait une mauvaise idée de Platon :
« qu'en résulte-t-il? rien. Un autre procède à l'in-
« verse : qu'en résulte-t-il? il lit Platon : il se met
« l'esprit au supplice pour trouver un sens à ce qui
« n'en a point : il remue ciel et terre pour com-
« prendre un écrivain qui ne se comprend pas lui-
« même, et ne retire de cette masse indigeste qu'un
« sentiment de désappointement et d'humiliation. »

C'est prononcer sans beaucoup de façons une sentence qui serait bien plus applicable à Bentham lui-même qu'à l'immortel élève de Socrate. Platon

rêve quelquefois, sans doute, mais il est plein de
cœur et de poésie ; et son style a tant de limpidité,
qu'on ne peut le comparer qu'à celui de nos meilleurs
écrivains français. Il est étrange qu'un écrivain qui
croit nous avoir appris quelque chose en nous en-
seignant que *le plus grand bonheur est le bonheur
maximisé*, et que *le mal est le mal*, se trouve autorisé à dénigrer un génie qui a été plus d'une fois
jusques au sublime.

Bentham, malgré son ton dogmatique et positif,
n'avait pas besoin de se justifier de la chaleur qu'il
a mise à défendre *la cause du bonheur*. On pourrait
lui répondre que sa chaleur n'est que factice, et
qu'il n'y a guère de réel dans son livre que la dif-
fusion et l'ennui.

CHAPITRE XIX.

Ballanche.

Dans son *Essai sur les institutions sociales*, M. de
Ballanche remarque très-bien la différence qu'il y a
entre l'être intelligent et l'être moral. Il assure
« que *l'esprit humain* marche dans une route obs-
« cure et mystérieuse où il ne lui est permis ni de
« rétrograder ni de rester stationnaire. » Voilà, si
je ne me trompe, le système du progrès bien carac-
térisé par un légitimiste de vieille roche.

En poursuivant l'émission de ses idées, M. de
Ballanche établit que, lors même que les nations
dégénèrent, l'esprit humain marche toujours, pré-
sentant des phénomènes de croissance et de matu-
rité, qui s'opèrent à son insu. Pour lui, la vie des
sociétés ressemble à celle des individus : elles naissent et elles meurent ; elles se succèdent et héritent

les unes des autres : il y a donc toujours à puiser dans les sources primitives.

M. de Ballanche, après avoir considéré la grande question du fait et du droit, du juste et de l'injuste, comme roulant sur l'origine du pouvoir, reconnaît que les hommes d'élite, qui marchent en avant, peuvent être précurseurs sans être créateurs *. Il pense, avec Bougainville, que l'ancienne Grèce était, en petit, l'image de l'univers ; que son histoire semble un précis de l'histoire universelle, tant les combinaisons de tout genre y sont épuisées.

En commençant à Platon pour remonter jusques à Homère, on peut suivre les idées morales jusques à leur origine. La doctrine de Platon paraît avoir créé le christianisme ; et (c'est toujours M. de Ballanche qui parle) le fait le plus marquant de la science théogonique est que l'homme s'est créé un Dieu à son image **.

Les religions fausses ne vivent que parce que quelques traditions les lient à la vraie : la vérité seule peut exister. M. de Ballanche ajoute à ces re-

---

* Idée subtile, dont la justesse ou du moins l'importance ne paraît pas bien constatée.

** Cette vérité est une des plus certaines que l'auteur ait exprimées.

marques pleines de justesse celles qui lui font trouver la preuve des changements subis par la société dans les variations que nous offre la littérature. Il conclut très-judicieusement qu'il faut un nouveau langage pour exprimer de nouvelles idées. Les nations ne peuvent plus être guidées par l'amour qu'elles portent à ceux qui les gouvernent ; elles ne le sont que par leurs intérêts. Mais il est extrêmement malheureux qu'on se soit cru obligé d'ajouter à une révolution faite par la main du temps, une révolution faite par la main des hommes. Tout cela est aussi sagement pensé que bien écrit.

L'auteur, après avoir observé que nos mœurs ne sont pas en harmonie avec nos opinions, ce qui est incontestable, croit que la chose est ainsi pour le mieux, et que nous devons en rester là, afin que chaque nation puisse garder sa physionomie particulière *. D'abord est-il d'un intérêt bien majeur que les nations ne se ressemblent pas ? c'est une question qui mériterait peut-être d'être débattue. Quant à l'affirmation, que l'histoire est une lutte perpétuelle entre la liberté et la nécessité, j'avoue que je ne la comprends pas très-bien. J'admets,

---

* Il est fort à croire que les chemins de fer contribueront à faire ce que ne voudrait pas M. de Ballanche.

dans la lutte, l'esprit de liberté ; mais je doute très-fort qu'il y ait nécessité à résister aux vœux des nations, dans la crainte qu'elles se montrent trop exigeantes. La lutte n'est donc point entre la liberté et la nécessité, mais entre la liberté et l'esprit de despotisme ; entre les besoins formulés par l'opinion et l'ignorance qui veut faire prévaloir ses idées et rester la maîtresse. J'accorde que la société soit une nécessité, aussi bien que les lois qui la régissent, pourvu toutefois qu'on me permette de faire une distinction.

Certainement il faut que les lois, quand elles sont la raison humaine, ainsi que l'entendent Puffendorf et Montesquieu, gouvernent la société. Mais les lois actuelles de la France, telles que l'intérêt individuel les fait ou les fait faire, ne sont pas une nécessité : il y aurait nécessité à ce qu'elles fussent autrement. Lorsqu'on attaque de graves questions, il ne faut pas rester dans le vague. La loi actuelle, pour nous, n'est point la loi, car elle ne satisfait pas aux besoins de l'époque ; et elle n'est pas l'expression de la volonté générale, puisque ceux de qui elle émane n'ont reçu leur mandat que d'une très-minime fraction de la nation. Il faudrait donc commencer par réformer ce qui existe, pour que l'affirmation de M. de Ballanche devînt une vérité.

Nous reconnaissons que nos mœurs sont fondées
sur le christianisme : cependant le christianisme
qui a été modifié par le catholicisme, lequel domine
encore aujourd'hui, n'est point à l'abri des modifications amenées par le temps. La chose est même
inévitable, ne fût-ce que pour en revenir à la simplicité primitive. Ceci rend très-problématique cette
assertion du livre de M. de Ballanche, « que la so-
« ciété disparaîtrait par le renversement du chris-
« tianisme et que le trône des Bourbons est la clef
« de la voûte de notre système social. »

On verra plus tard si nous contestons le pouvoir
civilisateur du christianisme ; nous sommes obligé
néanmoins de faire observer qu'il y a des sociétés
non chrétiennes, dont la durée se maintient depuis
une longue suite de siècles, et que le trône dont
parle M. de Ballanche, celui de la légitimité, s'est
écroulé.

Le reste de l'ouvrage de M. de Ballanche semble
exclusivement destiné à prouver que, sans le catholicisme et les Bourbons de la branche aînée, il n'y
a point de salut pour le pays. Les opinions politiques de l'auteur sont si peu avancées, qu'il nie la
souveraineté de la nation, tout en acceptant comme
puissance dirigeante, ce que nous appelons *l'opinion.*

A l'égard de ce qui précède, si M. de Ballanche a sincèrement cherché la vérité, nous pensons qu'il ne l'a point trouvée. Sa philosophie catholique, comme celle de M. de Maistre et de M. de Bonald, a beau nous dire : « que l'homme a dû être complet « dans son origine ; qu'il n'a pas reçu le pouvoir « de nommer, » ma foi, j'aime mieux l'opinion du bon La Fontaine, sur *Adam le nomenclateur*, à qui Dieu dit, quand il l'eut créé : *Te voilà ! nomme.*

M. de Bonald est bien plus positif lorsqu'il affirme que *l'homme ne peut décomposer les sons que d'une langue écrite, et qu'il est physiquement et moralement impossible qu'il ait inventé l'écriture.*

Ces Messieurs ont beau vouloir nous persuader « que l'homme n'a inventé ni la parole ni l'écri- « ture ; que la poésie est la parole traditionnelle ; « que *l'écriture manque de pudeur*, parce qu'elle « peut se produire en l'absence de celui qui la fit ; « que notre religion, notre langue, nos mœurs, « nous constituent chambre des pairs de la société « européenne ; que le gouvernement de Louis XIV « n'était point *despotique*, quoiqu'il fût *absolu*. » Ces distinctions subtiles et plus ou moins spirituelles nous paraissent trop peu sensées pour appartenir au langage philosophique ; et ce n'est pas ainsi qu'on parle aux hommes, quand on a sérieusement l'intention de leur être utile et de les éclairer.

La philosophie de l'histoire, si elle était appelée à prononcer sur l'événement politique * qui a fait juger l'esprit du gouvernement français, au temps de Bossuet, n'en conclurait rien, si ce n'est que Louis XIV trouva utile de repousser les prétentions du pape Innocent XI, au moyen d'une délibération de son clergé **.

* Nous voulons parler de la déclaration de 1682, fait religieux d'une assez grande importance, mais qui n'a pas de signification dans le sens que veut lui donner M. de Ballanche.

** On voulut qu'il délibérât et il délibéra : il n'usa point d'un droit, mais d'une permission.

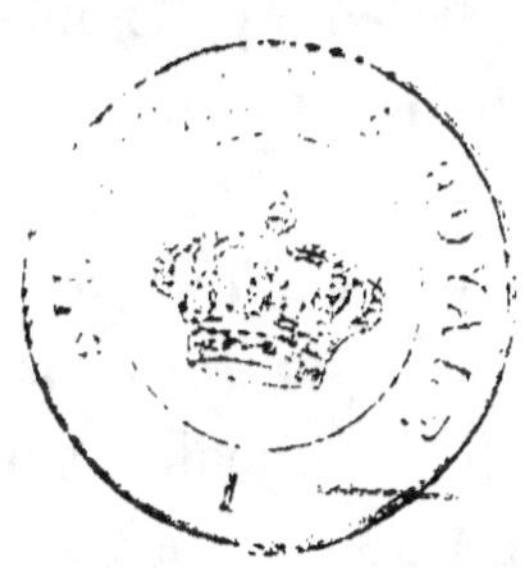

CHAPITRE XX.

Déduction de ce qui précède.

Il résulte des analyses que nous venons de faire, que la philosophie a longtemps cherché la route qu'elle devait suivre ; que son travail a été pénible, et qu'elle a souvent pris l'erreur pour la vérité. Il existe aujourd'hui une science philosophique, mais les éléments en sont diffus, et ils ne sont pas réunis en corps de doctrine.

Au milieu des livres nombreux fournis par la philosophie se trouvent à peu près tous les germes de l'instruction morale. Par malheur il faut les y chercher, et c'est un travail qui n'est pas à la portée de tout le monde. Il faut, d'ailleurs, ne pas confondre la philosophie et les philosophes ; car tout individu qui s'est occupé de la science de l'homme, c'est-à-dire de l'étude des faits moraux ou gouvernementaux, en d'autres termes, des faits humanitaires, prend le titre de philosophe, soit que son travail ait été ou non fructueux.

Nous sommes donc arrivés, dans la question qui nous occupe, à reconnaître l'insuffisance de l'instruction morale, au moyen de la prédication religieuse, de même que par la philosophie écrite ou par les livres de philosophie *, un seul excepté. Nous allons examiner, dans le chapitre suivant, la portée de ce livre, sans nous préoccuper de son origine et de la partie dogmatique qu'il renferme. Nous le répétons, la morale est, selon nous, une nécessité de l'état social, et nous ne voulons la considérer que sous ce point de vue.

* Est-il nécessaire de répéter que nous ne parlons ici que de l'impuissance de la philosophie écrite, disséminée dans les livres? Plus tard, c'est une méthode philosophique, formulée en termes exprès, que nous proposerons pour diriger et propager l'instruction morale. Ne confondons pas l'esprit philosophique avec les efforts de la science, cherchant à se développer : nous serions alors dans le cas de celui qui confondrait la méthode mathématique, appliquée par Descartes au raisonnement, avec la science des mathématiques; en toute branche des connaissances humaines on a longtemps cherché avant de trouver. La philosophie a subi la loi commune, ainsi que le démontre le livre de Tennemann. Voilà pourquoi il faut préciser, si on entend la prendre à l'état d'adulte ou dans son enfance; et quand on veut l'appliquer aux faits pratiques, il est encore nécessaire d'en faire un résumé, dans lequel il ne doit rester rien de ce qui peut produire des contestations.

CHAPITRE XXI.

Des Évangiles.

LES Évangiles, renfermés dans les écrits de saint Luc, saint Marc, saint Jean, et saint Mathieu, peuvent être considérés comme contenant deux parties bien distinctes, savoir, la vie de Jésus-Christ et sa philosophie morale. Il est évident que cette dernière a eu la plus haute influence sur la civilisation, puisqu'elle a créé, en grande partie, les mœurs des nations modernes, supérieures, à tant d'égards, aux mœurs des anciens ! Les doctrines du Christ ont changé la face du monde : si de la théorie elles passaient un peu plus dans la pratique, les hommes seraient à coup sûr ce qu'ils doivent être, et toutes les idées de progrès arriveraient ainsi à leur réalisation.

Nous donnerons peu d'attention aux faits de la vie du Christ. Fils d'un charpentier, comme Socrate, d'un tailleur de pierres, il eut de commun avec le philosophe athénien d'être victime de son grand amour pour l'humanité. Au point de vue qu'il nous a convenu de choisir, nous ne tenons pas à nous rendre compte de ce qu'il y a de divin dans sa personne, mais de ce que son enseignement a de divin. Nous n'avons aucune raison de nous occuper des miracles qui remplissent son histoire : il est plus que probable que le récit en serait beaucoup moins concluant que n'en fut le spectacle ; et nous sommes obligés de convenir qu'ils eurent peu de retentissement dans le monde païen, même parmi les Juifs.

Dans tout ce qui touche à l'origine des croyances religieuses, il ne manque jamais d'événements surnaturels, dont il serait peut-être sage de ne point parler. C'est la partie douteuse, donnée en pâture à l'imagination, et qu'aucun fait moderne ne s'est chargé d'accréditer. Il nous est difficile de croire sans témoignage ; et les témoignages manquent pour nous.

Pourquoi n'imiterions-nous pas le Christ, qui s'appelle, lui-même, *fils de l'homme*, et qui certainement, comme tout ce qui existe, est né de Dieu créateur et conservateur ? Sous le rapport spirituel, toute intelligence est aussi une émanation de Dieu ;

mais nous ne pensons pas qu'il soit utile d'établir ici une controverse. Les convictions ne dépendent pas de nous, et nous ne saurions être coupables quand nous ne manquons pas de bonne foi [*].

Le Christ, venu après Platon, a voulu rendre les hommes meilleurs : comme Socrate, il est mort pour s'être heurté contre des intérêts humains. La visite des mages d'Orient, conduits par une étoile, et qui demandent au roi Hérode, où est le roi des Juifs ; le diable emportant Dieu sur la montagne, et lui offrant tous les royaumes de la terre s'il veut l'adorer, sont des puérilités qui n'ajoutent rien à la sublimité des maximes des Évangiles.

Une circonstance me paraît capitale dans la vie du Christ ; c'est qu'il n'est pas le fils d'une vierge *immaculée*, comme le prétendent ceux qui ont cherché à en faire une abstraction. Marie, femme de Joseph, fut soumise à toutes les vicissitudes de la vie d'une femme ; et après le Christ, elle eut quatre

---

[*] La question que nous venons d'effleurer dans ce paragraphe n'est point de celles qu'on puisse laisser dans l'ombre, lorsqu'on a pour but de rechercher la vérité. Elle est trop capitale, trop féconde en résultats sociaux peu rationnels, pour que nous ne nous croyons pas obligé de la traiter à fond un peu plus tard. Le vague laissé sur des points de cette importance serait un empêchement au progrès de l'intelligence humaine ou pour mieux dire de la raison

enfants de saint Joseph, qui se nommèrent Jacques,
Jose, Simon, et Judes. (S. Mathieu, chap. XIII,
v. 55.)

A propos des enfants de Marie, saint Jean dit po-
sitivement : *Ses frères ne voulaient pas croire en lui.*
Il avait donc des frères ! Mais saint Mathieu est encore plus explicite : non-seulement il donne les noms
que nous avons déjà cités, mais encore il ajoute :
« Jésus voulut prêcher dans son pays ; chacun se
« disait : N'est-ce pas le fils du charpentier ? et sa
« mère ne s'appelle-t-elle point *Marie ?* N'avons-
« nous point parmi nous ses *frères* et ses *sœurs ?* »
(S. Mathieu, chap. XIII, v. 55 et 56.)

Comme on avait accusé Socrate de pervertir la
jeunesse, le Christ fut accusé de pervertir la nation.
(S. Luc.) Il ne voulait pas qu'on l'appelât *fils de
Dieu.* (S. Marc.) Mais, que nous importent toutes
ces questions, sur lesquelles on ne voudra probablement pas s'accorder ? nous n'insistons que sur le
point *inconnu des catholiques*, à savoir, les frères de
Jésus. Il nous semble que ce fait est de nature à apporter quelque atteinte au culte de Marie, et à ramener vers Dieu, le seul, l'unique Dieu, toutes ces
adorations mondaines et un tant soit peu païennes,
qui s'adressent à des créatures nées et mortes comme
nous.

Quoi qu'il en soit de ces faiblesses de l'esprit humain, la philosophie du Christ n'en est pas moins l'élément civilisateur par excellence. Croyez, pratiquez la morale du Christ, et vous n'aurez rien à envier aux plus beaux temps de la sagesse humaine; et vous trouverez, dans la pratique de ses enseignements, la réalisation de tout ce qu'a pu rêver le progrès ou la plus douce philanthropie.

La philosophie du Christ a, relativement à son expression, une suavité de poésie, une douceur mélancolique, qui lui donnent un grand charme pour les âmes tendres : elle brise les passions violentes et les change en amour du prochain, en ineffable charité. Que vous importe que le Christ soit un Dieu ou un homme! il a rempli une mission divine, puisqu'il s'est porté comme intermédiaire entre la terre et la divinité.

CHAPITRE XXII.

Esprit du Christianisme.

Le christianisme semble se proposer, en même temps qu'il cherche à moraliser les hommes, de les détacher de la terre, où ils ne sont qu'en pèlerinage, et de leur montrer constamment le ciel comme la patrie primitive où chacun doit se hâter de retourner.

Il pousse très-loin cette abnégation de soi, qui mène à la vie contemplative ; et, sous ce rapport, il n'est peut-être pas favorable au travail, le plus grand véhicule de la société! Je sais que saint Paul a dit : *Celui qui ne veut point travailler ne doit point manger* [*]. Mais saint Paul n'est qu'un apôtre, et son autorité ne saurait prévaloir, quand elle n'est pas semblable à celle du Maître. Or, celui-ci a dit : « Ne

---

[*] Épître de saint Paul aux Thessaloniciens, chap. III, v. 10.

« soyez pas en souci de votre vie, de ce que vous
« mangerez, de ce que vous boirez, ni de ce qui
« vous vêtira. Regardez les oiseaux du ciel : ils ne
« sèment ni ne moissonnent ; ils n'amassent rien
« dans des greniers, et votre père les nourrit.
« N'êtes-vous pas beaucoup meilleurs qu'eux? »

« Ne soyez donc pas en souci du lendemain : à
« chaque jour suffit sa peine. Pourquoi craindriez-
« vous de manquer de vêtements? Les lis des champs
« croissent : ils ne travaillent ni ne filent; et néan-
« moins le roi Salomon, dans toute sa gloire, n'a
« point été vêtu comme eux. »

Tout cela est admirable d'expression et de poésie;
mais on y trouve une excitation à l'imprévoyance
qui pourrait aujourd'hui avoir des effets sociaux
désastreux. C'est probablement à de tels passages,
mal entendus, que le moyen âge dut cette foule immense de contemplateurs, connus sous le nom de
moines, qui trouvaient bon de vivre des sueurs
du pauvre, dans un état d'oisiveté et souvent
de débauche, qui indisposa les premiers réforma-
teurs.

Peut-être trouvera-t-on, de même, exagéré ce
commandement : « A celui qui veut vous ôter la
« robe, donnez aussi votre manteau. Si quelqu'un
« essaie de vous contraindre à aller une lieue avec

« lui, allez-en deux [*]. » Il y a dans ces conseils ou dans ces ordres un grand amour de la paix, auquel on ne pourrait donner assez d'éloges ; mais je crains que l'humanité ne puisse jamais aller jusque-là, et qu'ainsi cette sublime sagesse ne se soit exprimée en pure perte.

Les commentateurs ne manqueront pas de donner des explications justificatives : ils diront, par exemple, que c'est dans leur ensemble qu'il faut entendre les saintes Écritures ; qu'un passage en fait comprendre un autre ; je veux bien admettre cela comme possible, mais alors je serai autorisé de dire qu'un livre, écrit sous l'inspiration de la divinité et pour être entendu de tout le monde, ne saurait manquer de clarté, au point d'avoir besoin d'interprétateurs : cela seul lui assignerait une origine terrestre. Mais, je me hâte de le dire, quand même cette dernière opinion prévaudrait, il n'en faudrait rien conclure contre les Évangiles. Que la vérité vienne d'en haut ou d'en bas, elle n'est pas moins la vérité. L'essentiel c'est de la connaître.

---

[*] A ce compte, je suis persuadé que les gouvernants seraient heureux d'avoir affaire à des chrétiens, pourvu qu'il leur fût permis de ne l'être pas.

CHAPITRE XXIII.

De la Sagesse avant le Christianisme.

La législation de Moïse (ainsi que d'autres légis-
lations) a établi les rapports des hommes entre eux,
sous le point de vue d'une réciprocité rigoureuse.
Quand nous en serons à examiner l'enseignement
moral du christianisme, nous reviendrons à Moïse,
pour remarquer que ses lois sont inférieures à la
philosophie du Christ. Mais entre le Christ et Moïse,
dans le petit pays appelé Palestine, et sans sortir de
chez le peuple hébreu, on peut constater que la sagesse humaine était déjà très-développée.

Je ne veux rien emprunter aux nations les plus
civilisées, telles que les Égyptiens, les Assyriens,
etc., etc., qui eurent chacune, à leur tour, les Juifs
pour esclaves : je reste dans le cercle borné d'une
très-minime nationalité, comme je viens de le dire;
et cependant j'y trouve formulés de la manière la

plus piquante et la plus originale les préceptes de la plus haute raison.

Ces paroles d'un poëte roi, fils d'un roi poëte, et qui se plaît à nous apprendre que de son temps il n'y avait déjà *rien de nouveau sous le soleil*, méritent la plus sérieuse attention.

« La prudence de l'homme retient sa colère.

« Celui qui a pitié du pauvre prête à l'Éternel.

« Faire ce qui est juste et droit vaut mieux que « d'offrir des sacrifices.

« Un ami est plus attaché qu'un frère.

« Qui est-ce qui peut dire : J'ai purifié mon « cœur.

« La renommée vaut mieux que la fortune.

« Celui qui sème de la perversité moissonnera « des malheurs.

« Ne déplace point la borne placée par ton père.

« Celui qui emprunte sera le serviteur de l'homme « qui prête.

« Qui hante les sages deviendra sage.

« Quand ton ennemi sera tombé, ne t'en réjouis « point.

« Que l'étranger te loue, et non ta bouche.

« Celui qui conduit autrui par de mauvais che- « mins, tombera dans la fosse qu'il aura creu- « sée.

« L'homme qui vous flatte tend un filet sous vos
« pas.

« Qui est-ce qui trouvera une femme laborieuse
« et raisonnable?

« Une gouttière continue et une femme querel-
« leuse, c'est tout un.

« Il vaut mieux vivre dans un désert qu'avec une
« femme hargneuse.

« Ne sois point de ceux qui cautionnent les
« dettes.

« Ne compte pas sur le lendemain.

« Si celui qui te hait a faim, donne-lui à man-
« ger; s'il a soif, donne-lui à boire.

« Le trône d'un roi juste est affermi à perpétuité.

« Ne donne point ta force aux femmes.

« La lampe de celui qui maudit son père s'éteint.

« Celui qui n'entend point les cris de détresse
« criera et ne sera point entendu.

« Instruis l'enfant dans sa jeunesse.

« N'entre point dans le champ de l'orphelin.

« La sagesse vaut mieux que la force.

« L'orgueil ne produit que des querelles.

« Les richesses du pécheur sont réservées aux
« justes.

« Une femme sage fait prospérer sa maison : la
« folle la ruine.

« L'homme retenu dans ses paroles connaît la
« véritable sagesse.

« Le fou qui se tait est réputé sage.

« La maison du méchant sera démolie.

« L'homme simple croit : l'homme avisé se méfie.

« Crains Dieu et garde ses commandements. »

A l'époque où Salomon s'exprimait de cette manière, l'esprit de civilisation n'en était point à son
essai, et il y avait déjà moyen d'agir avantageuse-
ment sur l'esprit des hommes : les préceptes ne
manquaient point, mais bien la pratique. Aujour-
d'hui, c'est encore la pratique qui manque ; et il
s'en va bien temps de lui donner quelque vigueur.

CHAPITRE XXIV.

De la Morale chrétienne.

Dans le commencement de sa prédication, le Christ explique ce qu'il est venu faire sur la terre. Sa mission est de régénérer les hommes et de les sauver du péché. Il fait un appel à la charité, à l'humilité, à la justice, et à la bienfaisance. *Amendez-vous*, répète-t-il partout, *car le royaume des cieux approche* ; et en effet, chaque instant de la vie qui s'écoule, nous conduit à ce moment où les actions des hommes seront jugées selon leur mérite.

« Je ne suis point venu pour anéantir la loi et « les prophètes, ajoute-t-il, mais pour les accom-

« plir *. » Et suivant cette pensée toute judaïque,
il rappelle les principales dispositions de la loi
pour les compléter, en leur donnant plus d'étendue.

« Vous avez entendu qu'il a été dit : Dent pour
« dent, œil pour œil; et moi, je vous dis : Si quel-
« qu'un vous frappe sur la joue gauche, présentez-
« lui la joue droite; ne résistez pas au méchant **.
« Vous avez entendu qu'il a été dit : Tu aimeras

---

* Les lois de Moïse, écrites sous la dictée de Dieu, sur le
mont Sinaï, sont évidemment l'ouvrage de Dieu, puisque le
législateur prophète ne lui a prêté que la main; cependant,
quelques siècles plus tard, cette œuvre est reconnue incom-
plète, et les Évangiles y ajoutent des prescriptions qui attes-
tent un progrès moral.

Le christianisme a eu grandement raison d'ajouter la bienfaisance à la justice : mais il découle de ce fait une conséquence embarrassante, c'est que l'ouvrage de Dieu, transmis
par Moïse, était imparfait, insuffisant; ce qui s'accorde mal
avec l'idée de perfection qu'on ne peut séparer de Dieu. Nous
livrons ces réflexions à la sagacité de nos lecteurs.

** Cette prescription est une sublime théorie; mais elle
conduirait à faire des martyrs, et à encourager les méchants
qui ne connaîtraient plus de frein. La défense personnelle est
justice, surtout pour celui qui n'attaque jamais. Je doute que
l'abnégation puisse être portée au point recommandé par l'É-
vangile; et si elle l'était, il en résulterait un mal social. La
société est fondée sur le principe qui maintient l'égalité du
droit et sur l'efficacité de la protection. Il s'ensuit que le méchant doit être contenu ou puni.

« ton prochain comme toi-même, et tu haïras ton
« ennemi. Moi, je vous dis : Aimez vos ennemis,
« priez pour ceux qui vous persécutent, bénissez
« ceux qui vous maudissent; faites du bien à ceux
« qui vous ont fait du mal. »

Voilà le progrès produit par le christianisme : il
ne se contente pas de la justice; il lui faut la bienfaisance, l'oubli des injures; enfin toutes les per-
fections dont l'âme la plus épurée est seule capable.

Ce qui distingue les Évangiles de tous les livres
qui ont été précédemment écrits, c'est qu'ils sont
un cours de morale sans prétention, sans plan arrêté, et où l'instruction vient se placer comme
d'elle-même. Appliquez les doctrines du Maître, et
la société touchera à la perfection ! mais ce qui fait
surtout, des Évangiles, un livre à part, c'est le
charme qui se répand, sans qu'on sache pourquoi,
sur sa lecture. De quelle magique enveloppe les pensées de la sagesse n'y sont-elles pas entourées!
quelle vigueur d'imagination ! quelle grâce naïve !
quelle pureté dans les choses et dans les mots !
quelle onction dans les sentiments !

« Que celui qui se sente sans péché lui jette la
« première pierre. » Admirable leçon d'indulgence,
supérieure à tous les raisonnements, à toutes les
démonstrations verbales ! c'est l'enseignement pra-

tique ; c'est le cœur humain fouillé dans ses replis et mis à nu.

Les Évangiles sont donc la philosophie dépouillée de sa science, quelquefois douteuse, de ses tâtonnements ; c'est encore la philosophie ramenée vers son but le plus noble, le plus utile ; le perfectionnement de la société. Le christianisme s'adresse au cœur, comme la science s'adresse à l'intelligence : il est, et sera probablement pendant longtemps, la meilleure base de toute institution sociale. Pourquoi essaierait-on de le changer ? on l'a voulu vainement : après des tentatives inutiles, provoquées par des abus qui se sont glissés dans son sein, et qui l'ont tant soit peu dénaturé, il a fallu reconnaître qu'on resterait bien loin de sa simplicité primitive, et qu'on ne pouvait mieux faire que d'y revenir.

Quel avantage pourrait-il y avoir à ne pas permettre, comme le catholicisme l'a fait pendant si longtemps, la lecture de passages comme ceux-ci :

« Un homme descendait de Jérusalem : des vo-
« leurs l'attaquent et le blessent. Passe un lévite
« qui détourne la tête et s'éloigne ; un Samaritain
« arrive : il est ému de compassion, il relève le
« blessé, le soigne, bande ses plaies après les avoir
« lavées avec de l'huile et du vin, le dépose dans

« une auberge, paie sa dépense, et le recommande
« jusques à son retour*. »

Lequel maintenant est le prochain ? Est-il quelque auditeur ou quelque lecteur qui puisse être
embarrassé par une question si simple ? et ne voit-on
pas tout ce qu'il y a d'instruction dans ce récit
naïf ? Il en serait certainement de même du passage
suivant :

« Tous ceux qui disent : Seigneur ! Seigneur !
« n'entreront point dans le royaume des cieux. Ils
« auront beau répéter : *J'ai prophétisé en ton nom* ;
« et je leur répondrai : *Je ne vous ai jamais connus.*
« Que celui qui entend ces paroles les mette à pro-
« fit, je le comparerai à l'homme prudent qui bâtit
« sur le roc. Quand la pluie est tombée, que les
« vents ont soufflé, que les torrents sont venus,
« cette maison ne s'est point écroulée. Mais celui
« qui a bâti sur le sable verra chuter sa maison, et
« sa ruine sera grande. »

En nous résumant, les Évangiles nous paraissent le cours de philosophie morale le plus clair, le
plus pittoresque, le plus complet. Il n'y a pas de
meilleure base d'enseignement : mais il faut savoir

---

* Ces enseignements sont sublimes, autant par la simplicité
de l'expression que par la pensée.

l'utiliser pour en retirer le plus grand profit possible. Nous ne répéterons pas que c'est là le point capital qui n'a pas encore été obtenu.

Les doctrines chrétiennes sont bien arrêtées, tout le monde peut les comprendre; elles abondent en thèmes de toutes sortes qu'il ne s'agit plus que de populariser; reste à savoir comment cette source vive peut féconder le sens moral. Nous allons étudier le terrain sur lequel elle doit couler, et chercher le meilleur emploi qu'on en peut faire.

CHAPITRE XXV.

Du Devoir.

Quand on est entré dans une association quelconque, il faut en supporter les charges : il n'y aurait point d'association possible si on déclinait une pareille nécessité ; or, cet esprit de support est l'origine de tout devoir.

Les devoirs résultent donc d'un fait social. Nous ne parlons pas ici de la reconnaissance envers Dieu, créateur et conservateur de toutes choses, ce devoir est d'une nature particulière, il est indépendant de toute convention ; nous parlons des devoirs sociaux qui sont le dévoûment absolu à la patrie, la justice envers nos semblables, et le respect de soi *.

---

* Les idées de devoir sont les plus importantes dans l'ordre moral, et les plus fertiles en résultats sociaux. Mais comment sont-elles propagées ? Ceux qui les pratiquent n'en ont qu'une

De la reconnaissance envers Dieu est né le culte religieux, dirigé par des hommes spéciaux, trop disposés à oublier qu'ils sont les hommes de la prière.

Des devoirs envers la société sont nées toutes les idées de justice, de bienfaisance, en un mot, l'esprit de famille.

connaissance très-vague. Les pères et les mères disent à leurs enfants que ce qu'ils font est bien ou mal, et ces distinctions momentanées et quelquefois peu motivées sont les seules notions sur lesquelles le sens moral puisse se former.

Nous ne nous arrêterons pas à faire ressortir l'insuffisance d'un pareil enseignement. Dès la plus tendre enfance, l'accomplissement des devoirs doit devenir une habitude : il faut donc qu'ils soient continuellement expliqués, commentés, sous le rapport de leur principe et de leur application. Il faut qu'ils se gravent d'une manière ineffaçable dans la tête des jeunes gens, et qu'ils les considèrent comme une partie inhérente de leur existence.

On dira que la chose est difficile, et elle le sera en effet, tant qu'elle ne sera appuyée que sur une volonté chancelante ; mais dès qu'on la voudra sérieusement, toutes les difficultés disparaîtront. Nous en voyons la preuve dans la facilité qu'on trouve à propager des absurdités religieuses. Les enfants gardent le souvenir de leurs premières impressions, et ils n'oublient jamais entièrement ce qu'on leur a appris, bon ou mauvais : il s'agit de ne leur enseigner que du bon.

L'avenir des enfants, sous le rapport moral, dépend, en grande partie, de leurs maîtres.

L'accomplissement des devoirs est le point le plus important de toute une vie humaine : la société exige qu'on les remplisse : d'où il suit naturellement qu'ils doivent être connus.

CHAPITRE XXVI.

De la Liberté.

L'HOMME a la prétention d'être libre : nous croyons cette prétention fondée en droit; mais il faut d'abord s'expliquer sur ce qu'on entend par *liberté*.

Est-ce de la liberté physique et pratique dont il est ici question, ou bien de la liberté morale? S'il s'agit du droit de tout faire, nous remarquerons qu'il est et qu'il doit être restreint par la loi écrite; ainsi voilà une première prison dans laquelle est renfermée la liberté. Mais ce n'est pas là seulement qu'elle trouve des bornes ou des obstacles : tout ce qui nous entoure réagit sur notre volonté.

Est-ce que les événements ne pèsent pas sur nous d'une manière fatale? Nous avons beau faire des projets, un coup de vent les renverse de fond en comble, et nous faisons l'opposé de ce que nous voulions faire. La liberté est comprimée par le devoir, par le respect humain, par l'action inévitable des personnes avec lesquelles nous sommes en contact. Toute complaisance de notre part est un sacrifice de notre volonté, et par conséquent une atteinte portée au mouvement spontané qui avait réglé notre premier choix.

Thémistocle disait en montrant son fils de cinq ans : « Voilà la plus puissante créature de la répu- « blique. » Et comme on lui demandait l'explication de ce singulier paradoxe, il ajoutait en riant : « Il « gouverne sa mère, sa mère me gouverne, et moi, « je gouverne la république. » Voilà donc la liberté de Thémistocle soumise au caprice d'un enfant !

Gardons-nous d'attacher trop de valeur à notre liberté ; et cependant ne cessons de la faire respecter comme droit et comme principe. Défendons-nous contre l'arbitraire, surtout quand il se présente sous les traits de ceux qui sont chargés de nous protéger.

La véritable liberté est la liberté morale ; celle de l'intelligence, qui juge, préfère et triomphe, par devoir, des mauvais penchants du cœur, des appétits charnels, et de la domination de la matière.

CHAPITRE XXVII.

De l'Égalité.

Nous l'avons dit ailleurs, l'égalité n'existe pas dans la nature. L'inégalité au contraire se montre partout. Taille, force, intelligence, rien n'est semblable, rien n'est parfaitement égal. La seule égalité qu'on puisse désirer, qu'il nous soit possible d'atteindre, c'est l'égalité du droit, l'égalité devant la loi. Celle-là, c'est la société qui nous la donne.

Si vous voulez passer le niveau sur la tête des hommes, où le placerez-vous quand vous prendrez votre point de départ? A la hauteur de cinq pieds? mais ceux qui en ont six, allez-vous les décapiter pour qu'ils ne dépassent point les autres? Et les sots, comment les guinderez-vous à la hauteur des hommes de génie; ou bien, comment ravalerez-vous les hommes de génie pour qu'ils n'aient pas plus de relief que les sots?

Ce que nous disons ici de la taille ou de l'esprit, on peut l'appliquer à la fortune, à la beauté,
à tout ce qui donne un rang supérieur parmi les
hommes.

Il y a l'absurde, de toutes parts, dans l'idée d'une
égalité absolue, ainsi que dans l'idée d'une pareille
liberté. Que les intérêts matériels soient respectés
(et ils le seront toujours par ceux qui comprendront
le pouvoir des idées morales), il n'en faut pas demander davantage. A chacun sa supériorité particulière, quand il la tient de la nature, de son activité, de son bon sens, ou de sa persévérance. Ce
qu'il y a de choquant dans l'inégalité, c'est lorsqu'elle a été créée par le caprice du pouvoir, et
qu'elle donne à de misérables intrigants les hautes
positions sociales qui appartiennent de droit au
mérite.

CHAPITRE XXVIII.

Analyse du Cœur humain.

L'amour de soi, contenu dans certaines bornes, n'a rien que de très-légitime : c'est le premier sentiment qui se démêle dans notre nature; c'est un mouvement instinctif, beaucoup plus que raisonné. Quand on le pousse à l'excès, il engendre l'égoïsme; et l'égoïsme, dégénéré en avarice, indique l'absence de toute vertu.

La maxime : *Aime ton prochain comme toi-même,* est une règle de la philanthropie : elle ne veut pas dire qu'on puisse aimer les autres autant que soi, mais elle signifie qu'on doit les traiter avec bienveillance, avec justice, et ne jamais nuire à leurs intérêts. Une preuve qu'on aime les autres moins que soi, résulte de ce proverbe :

Chacun pour soi et Dieu pour tous.

En général, on peut observer que, dans un péril

commun, on commence par se sauver d'abord ; et puis on aide à sauver les autres. L'instinct ne va pas au delà.

Mais la réflexion et le raisonnement portent l'homme à désirer l'affection de ses semblables : il est donc dans la nécessité de les aimer aussi. Ce penchant réciproque crée l'amitié, lorsque ceux qui l'éprouvent peuvent avoir entre eux une entière confiance, et qu'il y a communauté de pensées et de sentiments.

Tout homme qui est dans la peine désire du secours ; ainsi la pratique de la bienfaisance est commandée par la certitude que personne n'est à l'abri du malheur. Ce que vous avez fait pour un autre peut vous être rendu : félicitez-vous, si vous n'en avez pas besoin *.

La reconnaissance est un sentiment de vénération pour celui qui nous a obligés : c'est un souvenir mêlé du désir de s'acquitter. L'ingratitude est le vice opposé à la reconnaissance.

---

* Avec un jugement tant soit peu exercé, on arrive à comprendre des notions si simples ; elles ne sont hors de la portée de personne. Mais il faut exercer le jugement ; il faut l'accoutumer à saisir promptement les rapports vrais dans les choses : il faut qu'il discerne. Il n'y a pas d'homme qui n'apprenne cela, comme il a appris à marcher.

L'orgueil est la croyance, bien ou mal fondée, de sa supériorité; l'envie est le désir de rabaisser ceux qui ont une supériorité quelconque; la médisance répète, avec intention ou avec étourderie, des paroles qui peuvent nuire à autrui; la calomnie est du mensonge, avec l'intention arrêtée de nuire; la raillerie est un penchant malin à censurer les inclinations d'autrui; elle est bien différente de la plaisanterie qui est inoffensive. La raillerie vient d'un certain degré de méchanceté, souvent d'une mauvaise habitude; dans tous les cas il faut s'en défaire; il n'y a rien à gagner à la conserver.

La modération, dans les prétentions, s'appelle modestie; le manque de modestie, dans le désir de la considération, est l'arrogance. L'amour-propre vient d'un désir immodéré de l'amitié d'autrui; le mépris est l'opposé de l'estime; la haine, l'opposé de l'amour : la colère est une irritation occasionnée par un dommage moral ou matériel, qu'on croit avoir reçu; des paroles absurdes ou malveillantes peuvent exciter la colère, surtout quand on les soutient avec entêtement; la colère se manifeste toujours violemment, par des actes ou des paroles de réprobation; elle naît de l'impatience, et a pour contraire la tolérance et la douceur.

Telles sont les dispositions diverses que le cœur

humain renferme, et qui, plus ou moins mêlées entre elles, forment les caractères et constituent ce que nous appelons *vices* ou *vertus*.

CHAPITRE XXIX.

Philosophie de Kant.

Le cœur humain une fois connu, il s'agit de bien régler ses mouvements pour comprimer ce qu'il a de mauvais et pour développer ce qu'il a de bon. Kant s'est occupé d'arriver à cette fin. Selon lui, les penchants de la nature sont des obstacles à l'accomplissement des devoirs. Pour surmonter cette force, souvent bien puissante, il faut se faire violence : il faut donc qu'il y ait contrainte, c'est-à-dire action immédiate de la volonté sur les penchants, pour les arrêter dans leur tendance.

La liberté se prouve par l'accomplissement du devoir, c'est-à-dire en usant d'une volonté assez ferme pour vaincre ses inclinations.

La vertu ne doit pas être réputée habitude : car, si cette habitude n'est pas l'effet des principes les plus prononcés, elle n'est point armée contre tous

les cas de changement que peuvent amener des séductions nouvelles.

Il y a un point de faiblesse morale, de vertu négative, qu'on peut exprimer par zéro. C'est l'intermédiaire, sans caractère, qui se trouve entre le vice
et la vertu. En supposant que le signe mathématique $+$ (*plus*) exprime le positif de cette formule,
celui-ci $-$ (*moins*) en serait le négatif.

Il est inutile de se demander si les grands crimes
supposent plus de force d'âme que les grandes vertus : on entend par force d'âme la puissance de se
vaincre, et le crime est le résultat de l'absence de ce
pouvoir. Les grands crimes sont des paroxysmes
dont l'aspect glace d'horreur une âme saine. Les
crimes n'ont leur cause que dans la puissance des
inclinations, qui affaiblissent la raison *. La fureur
peut donner de la force physique, mais point de
force morale; cependant la fureur fait un brave d'un
lâche; reste à savoir si l'action de braver un danger
a son principe dans la force morale ou physique.

Les *fins*, qui sont en même temps un *devoir*, sont
le perfectionnement de soi et le bonheur des autres.
Les *fins* d'égoïsme sont les idées de bonheur et de

* Il faut donc fortifier la raison pour diminuer les tendances
au crime. Ceci suffit pour démontrer la valeur de la pensée
dominante de cet ouvrage.

jouissance : celles-ci n'exigent aucune contrainte et viennent naturellement.

Se perfectionner c'est cultiver ses facultés, afin de les fortifier et de se donner une volonté plus énergique. La plus grande perfection de l'homme c'est de remplir son devoir, seulement par devoir, et non par inclination ; car l'inclination appartient au naturel et non à ce combat de la volonté perfectionnée contre les mauvais penchants. Ce n'est que dans ce combat que se montre la force de la volonté ou du libre arbitre.

Toute force n'est connue que par les obstacles qu'elle peut surmonter : les obstacles à la vertu sont les inclinations naturelles. Le bien moral est ce qui résulte du grand développement de cette force appelée *volonté*[*]. Le mal moral n'est autre chose que le manque de force ; c'est la faiblesse.

Il n'y a qu'une seule vertu et un seul vice, quand on veut généraliser ; le reste est du plus ou du moins. La vertu c'est le milieu entre deux vices opposés.

La vertu désigne une force morale de la volonté de l'homme dans l'accomplissement d'un devoir. La

---

[*] L'homme n'est vraiment quelque chose que lorsqu'il a de l'empire sur lui-même et qu'il peut résister à ses passions.

vertu donne son ordre, avec contrainte morale d'o-
béir ; et comme elle doit être irrésistible, on ne peut
évaluer sa force qu'au moyen des obstacles qu'elle
est appelée à vaincre : elle ne peut être représentée
comme possédée par l'homme, mais au contraire
comme le possédant.

Le respect de soi ou de sa nature est un devoir.
On comprend difficilement ce que l'on doit de respect aux autres si l'on en manque pour soi-même.
L'homme doit à sa dignité, au respect de sa personne, de ne point mentir, de n'être point avare.
S'il ment, il peut faire tort à autrui ; et lorsqu'il en
est ainsi, il manque à sa pensée, il choque la règle
que lui impose sa conscience ; il est dépourvu de
délicatesse.

L'avarice est de l'égoïsme mal entendu, excluant
l'amour du prochain et la bienveillance active.

Un homme qui ne croit pas à ce qu'il dit, veut
évidemment tromper : il n'en peut résulter que du
mal, car l'objet final de toute communication de la
pensée est d'exprimer ce qui est. La vérité, considérée comme l'opposé du mensonge, est ce qu'on
appelle *probité*, *bonne foi*. Le mensonge est un délit
de l'homme contre sa propre nature, lors même qu'il
ne nuirait à personne ; il déconsidère aux yeux d'autrui, et nous ravale dans notre propre estime

Le flatteur est un menteur intéressé, un ambitieux. L'homme doit avoir une juste idée de sa dignité et ne pas la compromettre. Kant continue ses investigations que nous abrégeons autant que possible, pour leur donner plus de relief; il recommande surtout de défendre ses droits; de remplir ses obligations ou de ne point s'engager; de ne pas accepter les choses dont on peut se passer, et de n'être ni parasite, ni flatteur, ni mendiant.

Comme il a pour but d'ennoblir l'âme, il défend * toute plainte, toute lamentation, même le moindre cri dans la douleur corporelle, quand on a mérité de la subir : un coupable, assure-t-il, efface la honte de sa mort par la fermeté qu'il montre à son dernier moment.

Kant passe ensuite à l'appréciation de la chasteté et de l'impureté. Nous ne le suivrons point dans ses examens de casuiste : il s'occupe aussi de l'adoration des choses célestes, adressées à des images, produites par la main de l'homme; il y voit, non sans raison, une espèce de culte des idoles; car c'est à la matière et non à l'idéal que s'arrête l'imagination.

* La seule manière de mettre Kant à la portée de tout le monde, c'est d'en extraire la substance, comme nous le faisons; sans cela, les lecteurs seraient exposés à se perdre dans la nébulosité allemande.

Après avoir constaté la nécessité de la tempérance, tant sous le rapport de l'entretien de la santé que comme prévenant l'abus d'une nourriture nécessaire à l'alimentation d'autrui, Kant, ainsi que Platon, recommande le banquet. Il lui trouve le grand avantage de mettre en contact l'intelligence des hommes ; mais il veut qu'il soit peu nombreux ; et, comme le philosophe grec, il exige que les convives ne dépassent pas le nombre de douze.

Enfin, il termine en disant, que l'homme est le juge né, de lui-même ; qu'il doit apporter une grande sévérité dans l'appréciation de ses actes et de ses pensées. L'homme, lorsqu'il fait le mal, est mécontent de lui, s'il n'est pas ravalé au niveau de la brute : ainsi, l'examen de soi est le premier degré de perfectionnement. La plus grande source de bonheur est la satisfaction intérieure, le témoignage de la conscience.

Le premier devoir de l'homme envers lui-même est de s'étudier pour obéir à cette formule ancienne :

Connais-toi, toi-même.

Ceci rentre tout à fait dans la pensée de Socrate, qui regarde la véritable philosophie comme la connaissance de soi et des hommes.

CHAPITRE XXX.

Situation morale de la France.

Nous ne voulons point rechercher les causes d'immoralité, nous constatons sa présence. Sans revenir sur ce que nous avons dit dans notre *Philosophie de la Politique*, nous pouvons agrandir le tableau, en ajoutant des faits produits par l'observation et l'expérience.

Rien ou presque rien n'est basé dans la société actuelle sur les principes qui devraient la constituer. Le moi, l'isolement des intérêts, l'égoïsme, en un mot, y dominent comme si nous étions sans règle et livrés aux seuls appétits de la nature. Qui est-ce qui a souci d'être juste dans ses transactions, dans ses rapports avec les hommes, ses frères? Où est le point d'arrêt du sentiment cupide? Est-ce dans l'horreur que doit inspirer une injustice, un acte de déloyauté? point du tout : il est tout au plus dans la crainte de la pénalité encourue. Peu de personnes aiment le bien, dont la pratique est un devoir ; mais beaucoup, en revanche, font tout le mal que la loi civile ne peut atteindre.

Tels doivent être des hommes chez lesquels le sens moral est presque entièrement négligé.

Nous connaissons toute la puissance du sentiment personnel, et c'est parce que les dangers qu'il présente nous sont connus, que nous blâmons ceux qui le stimulent, au lieu de le régler et de le contraindre.

La société ne peut s'améliorer que par la pratique des choses justes : c'est surtout la *pratique* qu'il importe de faire accepter ; nous insistons et nous insisterons jusques à la fin sur ce point essentiel ; mais la pratique ne peut arriver qu'à la suite des théories bien comprises : il ne faut donc pas se lasser de répandre, de populariser les bonnes théories.

Nous avons vu comment les industries, par suite d'un besoin de lucre immodéré, avaient poussé jusques à la déloyauté l'esprit de la concurrence[*]; et comment d'une chose bonne en elle-même, quand elle ne fait que pousser à l'activité et au perfectionnement du travail, il en était résulté un mensonge

---

[*] L'esprit de concurrence a poussé à toutes sortes de falsifications, en voulant livrer au-dessous du prix réel.

perpétuel, une tromperie effrontée. Avec l'absence du sens moral et les préconisations de l'intérêt matériel, qui se trouvent dans certains enseignements de la tribune, l'industrie n'avait d'autre moyen de primer les efforts de ses rivales que dans le continuel abaissement des prix : mais c'était là une voie extrêmement fatale, puisque, dans un temps donné, elle devait nécessairement conduire à la ruine ou à la falsification. Celui qui offre au consommateur des objets au-dessous de leur valeur est un fripon ou un fou ; et le public, qui se laisse aller à des promesses qu'il est impossible de réaliser, est une misérable dupe. Telle est cependant presque partout, en France, la position des acheteurs et des vendeurs.

Avec un peu de sens moral, l'industrie ne serait point sortie des limites d'une honnête concurrence : elle se serait arrêtée là où le mieux aurait fini ; et le consommateur n'aurait pas cru qu'on pût lui donner pour cent sols ce qui vaut dix francs. Ce dernier aurait acheté les objets selon leur valeur et selon les ressources dont il aurait pu disposer : il y aurait eu de part et d'autre l'avantage de jouer cartes sur table, et de rester en dehors des fraudes et des illusions *.

---

* Nous voyons avec plaisir que des idées de cette nature

Nous n'avons rien à ajouter à ce que nous venons de dire, si ce n'est que l'industrie et le commerce ne sont pas les seuls qui méconnaissent les principes d'une bonne organisation sociale. L'insuffisance de l'instruction morale se fait sentir partout. Personne ne parle ni de droits ni de devoirs : au lieu de s'occuper des notions du juste et de l'injuste, on n'a qu'une seule pensée, celle d'agrandir sa propriété ou son trésor ; et on ne s'aperçoit point que chacun ayant des dispositions également hostiles, la position respective des intérêts demeure la même !

Faut-il conclure de ce qui précède, que la nature humaine est corrompue à tout jamais, et qu'il n'y a plus aucun moyen de la faire sortir de l'ornière du vice ? je m'en garderais bien. Les hommes sont et seront toujours ce qu'ils ont été, comme objets créés par la nature ; mais puisqu'une mauvaise direction les a conduits au mal, une bonne direction les mènerait incontestablement au bien ;

commencent à pénétrer dans l'esprit de notre législation. La loi sur les marques de fabrique ne peut guère avoir d'autre but que d'empêcher la tromperie sur l'origine et la qualité. C'est une bonne pensée : nous serions heureux que nos gouvernants en eussent quelquefois de pareilles.

(Note écrite en avril 1846.

c'est ce qu'il ne faut pas perdre de vue. On corrige les mœurs avec des institutions.

Il y a pour le sens moral, comme pour l'esprit et pour le corps, des moyens de développement dont on obtiendra des résultats merveilleux, quand on saura en faire usage; et c'est précisément ce que nous allons nous efforcer d'établir.

Nous ne pouvons pas nous le dissimuler, l'immoralité a gagné même les campagnes; mais ici elle est dans toute sa simplicité et sa bonne foi native; elle paraît être beaucoup plus le résultat de l'ignorance que de la perversité.

En étudiant, dans le Midi, cette classe de laboureurs généralement appelée *métayers*, je me suis convaincu qu'il existe pour elle un droit des gens avoué, qui admet jusques à un certain point l'idée du vol. La culpabilité existe pour eux, non dans l'action ou le fait matériel, mais dans l'importance de l'objet volé. Par exemple, il n'est pas un seul métayer qui ne vole sans scrupule tout ce qui lui est nécessaire pour confectionner ou pour réparer ses instruments de labourage; il n'en est presque point qui, étant en route, ne volent du fruit pour eux et du fourrage pour faire rafraîchir leurs animaux; et quand vous leur demandez : *Où as-tu trouvé le bois de ce joug, le manche de cette pioche, etc., etc. ?*

ils vous répondront sans balancer : *Je l'ai volé à tel endroit.*

Ce défaut d'appréciation morale, qu'on trouve chez les paysans les plus honnêtes, prend une consistance très-déplorable, quand il s'étend à des objets beaucoup plus importants. D'une chose à l'autre, on marche vite dans le désir insatiable de posséder ; et l'action presque innocente d'un vol insignifiant, fait par une personne réputée honnête, est d'un effet désastreux, comme exemple, pour les consciences moins timorées ou pour les enfants.

Aussi les vols ou pour mieux dire les infidélités deviennent-elles très-fréquentes de la part des hommes de la campagne. Presque sans aucune notion de leurs devoirs, ils regardent à peu près comme indifférents les engagements contractés envers leurs maîtres, et ne sont guère occupés que des moyens de s'y soustraire sans être compromis. Il arrivera très-fréquemment qu'un métayer ne songera point à dérober sur la part des produits principaux qui reviennent au maître, mais certainement il sera moins scrupuleux sur ce qu'on appelle *menus grains.* Il essaiera de même de compenser les avantages que le maître s'est réservés dans le contrat, n'ayant aucun égard aux charges de ce dernier, ni à la sainteté d'une clause librement acceptée. Les femmes surtout se montrent très-rapaces, et c'est à leur instigation qu'il se commet un grand nombre de petits larcins.

Cet état de choses, nous le répétons, a son principe dans l'ignorance et dans un mal jugé, bien plus que dans une intention préméditée. Un enseignement moral ne le ferait pas disparaître sur-le-champ, mais l'atténuerait à la longue, au point de le rendre presque nul, surtout si les progrès d'une bonne culture mettaient les cultivateurs dans l'aisance, et les dérobaient aux sollicitations, malheureusement trop puissantes, du besoin.

CHAPITRE XXXI.

Suite du Chapitre précédent. — Moralité des Domestiques.

PARMI les relations sociales qui mettent journellement les hommes en présence, je n'en connais point de plus importantes que celles qui existent entre les maîtres et les domestiques. Pour qu'elles pussent avoir quelque valeur, il faudrait qu'elles fussent établies, d'une part, sur la connaissance du devoir, et, de l'autre, sur cette mansuétude chrétienne qu'inspire l'amour du prochain.

Entre personnes dont le contact est obligé, il y a nécessité de bienveillance réciproque. S'il existe de l'antipathie, il n'y a qu'un moyen qui puisse servir, c'est de se séparer au plus tôt. Sans bonne volonté, sans bonne foi, sans indulgence, comment est-il possible qu'on puisse s'entendre? Deux natures abruptes qui se rencontrent avec leurs défauts ou leurs vices originels, qui n'ont jamais essayé de faire un retour sur elles-mêmes, ne croyant pas possible de se modifier, sont dans un état de guerre inévitable : il ne faut pas songer à les rapprocher. Quel serait le lien qui pourrait les rattacher l'une à l'autre? L'argent et les besoins de services? mais alors, comme tout est matériel dans cette convention, où l'intelligence n'a aucune part, les résultats en sont purement matériels.

Pour qu'il fût possible de s'entendre, il faudrait, avant tout, que la servitude fût douce et le serviteur affectueux. Mais ces deux conditions ne se rencontrent jamais avec la hauteur ou le caprice d'un côté, et avec le goût des profits illicites de l'autre. Elles supposent, au contraire, des idées d'obligations réciproques, fidèlement tenues; un esprit d'équité qui pèse ses actions; en un mot, ce qui n'appartient qu'aux intelligences développées, telles que nous désirons les créer par une instruction morale toute spéciale.

On dira, peut-être, que nous voulons nous constituer le précepteur du genre humain, et traiter les hommes virils à peu près comme on traite l'enfance! Hélas! je constate ce qui est, sans craindre qu'on me démente; et j'appelle de nouvelles institutions.

Dans l'état actuel des choses, la domesticité est devenue une plaie sociale. Les domestiques débutent tous par un mensonge sur leur capacité, qui n'est jamais telle qu'ils l'annoncent, et qu'ils ne se soucient même pas d'acquérir. Ils regardent le contrat verbal qu'ils concluent, comme un engagement sans valeur, et ils n'ont d'autres soucis que d'en éluder les conditions, même au risque de se faire chasser *.

Ces dispositions ne peuvent avoir que des résultats détestables : elles sont basées sur ce qu'il y a de plus ignoble dans le cœur humain, le désir de faire des dupes. C'est, au fond, de l'égoïsme, sans lumière, de l'immoralité, et un très-mauvais calcul.

Quelle que soit l'importance de ceux qui les contractent, les obligations doivent s'exécuter à la lettre; une autorité conciliante et paternelle doit être chargée de régler les difficultés qui pourraient en survenir **. Il faut donc une espèce de droit des gens, qui détermine la position de toutes parties; il faut qu'il y ait des devoirs arrêtés, nécessairement

* Il serait extrêmement important qu'une loi sommaire, suivie d'un développement explicatif en forme de commentaire ou de manuel, émané du conseil d'État, établît les obligations réciproques des maîtres avec leurs métayers et leurs domestiques, afin que les griefs pussent être appréciés et jugés.

** Cette autorité serait facilement trouvée, mais il faut une mesure législative qui l'investisse d'un droit et qui serve à bien déterminer ou à motiver ses jugements. C'est une espèce de code que nous demandons.

appris, obligatoires, et que chacun puisse être forcé de rester dans la ligne qu'il s'est volontairement tracée.

Tout cela rentre dans le développement du sens moral, et n'est pas d'une importance sociale à dédaigner. Pourquoi ne créerait-on pas des écoles de domestiques * ? C'est une profession tout comme une autre, pour laquelle on doit exiger des preuves de moralité et de spécialité.

---

* Partout où il peut y avoir un devoir à remplir, il y a une instruction à donner. Les devoirs des domestiques naissent d'une convention acceptée. Ils sont aussi obligatoires, aussi sacrés, que les autres : ils découlent d'un droit acheté. Tout contrat écrit ou verbal, conforme à l'esprit de la loi, lie les parties : c'est un acte volontaire et qui est censé fait avec réflexion, car il est nécessairement débattu.

CHAPITRE XXXII.

Des Ouvriers et des Gens de journées.

Une question très-grave agite en ce moment la classe ouvrière : c'est celle des salaires et de la fixation des heures de travail. Examinée au point de vue de l'équité, cette question mérite d'être étudiée : les difficultés qu'elle renferme sont très-grandes, car les deux parties peuvent ne pas être dans les conditions voulues pour aider à faire ressortir la vérité. Si l'égoïsme, par exemple, s'exprime avec mauvaise foi et cherche à gagner beaucoup en prenant le moins de peine possible; s'il spécule sur la misère! voilà un principe commun (l'égoïsme) qui pousse mal les intéressés vers les termes d'accommodements. Mais, nous le répétons, l'égoïsme est le chancre du cœur humain, et partout où il s'est logé, il ne laisse aucun principe de vertu ou de vie sociale.

Nous n'essaierons pas d'aborder les querelles du travail manufacturiel ; nous disons seulement que des semences de justice et de raison, jetées dans le cœur des hommes les moins éclairés, rendraient toutes les solutions possibles et même faciles. En attendant, il faut bien convenir qu'une guerre d'intérêts se fait partout, avec mauvaise foi, et que la rectification du sens moral peut seule lui assigner un terme.

Il y a des ouvriers qu'on paye à la journée, et qui s'étudient à trouver des prétextes pour ne rien produire. Ceux-là, comme les autres, voudraient voir augmenter un salaire qu'ils sont loin de gagner, quelque chétif qu'il puisse être! Ne serait-il pas nécessaire de démontrer qu'une pareille conduite est dépourvue de raison, et qu'elle est, de plus, un vol et une fraude?

CHAPITRE XXXIII.

Dispositions particulières de la femme.

Les femmes agissent beaucoup plus par l'inspiration subite d'une pensée irréfléchie que par raison ; aussi leurs actes portent-ils l'empreinte d'une nature passionnée, et sont-ils très-souvent marqués par des excès. Elles sont meilleures ou plus mauvaises que l'homme : on ne les trouve presque jamais dans les termes moyens.

Ce n'est point de la critique que j'essaie de faire, c'est de l'observation.

Une femme s'apitoiera devant un malheureux et lui portera des secours par un simple mouvement du cœur ; mais une femme voudra dominer à tout prix ; elle aimera la vengeance et conduira une perfidie avec une odieuse dissimulation.

La femme la plus ignorante sait qu'elle doit faire prospérer son ménage : mais, comme les moyens d'économie ne sont pas toujours de son goût, elle cherche à faire de petits profits, qui ne sont pas selon les lois de l'équité. Elle voudra gagner dans les ventes, gagner dans les achats ; c'est-à-dire payer les choses moins qu'elles ne valent et les vendre au-dessus de leur valeur. Vous croyez qu'elle a l'intention de faire une friponnerie ? point du tout : elle ne se rend pas compte de son action.

Une femme que je pourrais nommer, et il y en a des milliers dans le même cas, disait avec une bonne foi toute naïve : « Je n'achète qu'à ceux qui sont « dans la nécessité. Comme je paye et que j'agis par « prévoyance, sans aucun besoin actuel, je fais la « loi aux gens pressés : ils m'appartiennent. Voilà « comment on crée les bonnes maisons. »

Se vanter de rançonner la misère ! quel cœur il faut avoir pour y songer et quel esprit pour oser le dire ! Voilà pourtant des actions réputées honnêtes dans le monde, puisque aucune voix ne s'élève pour les blâmer.

CHAPITRE XXXIV.

Dispositions générales de l'Espèce humaine.

Il existe une tendance naturelle qui porte presque tous les hommes à mépriser les intérêts d'autrui : cette disposition antisociale, punie par la législation, résiste à l'action civilisatrice, malgré la pénalité des lois.

L'improbité se revêt de mille formes différentes : quelquefois elle agit à visage découvert, bravant la société et se mettant brutalement en guerre ouverte avec elle ; tantôt elle emprunte toutes les formes de la ruse, et elle cherche à se tromper, elle-même, par des sophismes et de puériles distinctions ; le plus souvent elle agit sans discernement, ou pour mieux dire elle ne se rend aucun compte de la valeur morale de ses actes. Dans chacun de ces cas, l'intervention de la vérité pourrait être nécessaire, soit en faisant connaître les résultats d'une lutte insensée, dont toutes les chances sont prévues ; soit en prouvant que l'intérêt le plus réel de chaque individu est de rester dans le cercle de l'équité ; soit en dissipant les ténèbres de ceux dont l'ignorance est tout à fait complète, et en les faisant rougir de leur état d'abrutissement.

Quelques naturels pervers résisteraient peut-être à cette influence bienfaisante, mais le nombre en deviendrait petit : ce qui serait déjà un grand progrès.

L'homme n'a de véritable valeur morale qu'autant qu'il sait résister aux mauvaises pensées, de quelque façon qu'elles lui viennent : il faut donc lui apprendre comment on renforce la puissance de la volonté ; car, c'est par la volonté qu'on résiste aux conseils du mal.

Dites à la femme avare, qui s'applaudit d'avoir obtenu, presque pour rien, des objets d'une certaine valeur : « Vous avez commis une espèce de vol. » Je doute qu'elle s'en glorifie, et, peut-être, un certain respect d'elle-même la portera-t-il à se montrer beaucoup moins avide.

D'ailleurs, n'est-il pas facile de prouver que le bien mal acquis s'en va en fumée ? J'ai connu un marchand qui disait à son frère : « Tu ne seras ja-
« mais qu'un misérable ! tu donnes cinq quarts de

« poids pour une livre ; et moi, je n'en donne que
« trois quarts. » Il est vrai que l'un des deux frères
devint beaucoup plus riche que l'autre ; mais le pauvre mourut paisiblement dans son lit ; et le riche,
tourmenté par une conscience inquiète, et las d'une
vie que la fortune n'avait point mise au-dessus du
remords, termina son existence par un suicide. De
pareils exemples ne manquent pas.

M'objectera-t-on que l'homme obéit à ses inclinations naturelles, qu'il ne se crée point lui-même,
et qu'il est entraîné par un pouvoir plus fort que
lui? Je répondrai que Socrate avait de très-mauvai-
ses inclinations, qu'il était même essentiellement
vicieux, et que cependant, sans aucun secours que
celui de sa raison, il parvint à se rendre l'une des
créatures les plus parfaites dont on ait gardé le souvenir. Ce que Socrate fit seul pour lui-même, l'éducation peut le faire pour des organisations inférieures ; témoin quelques institutions où une direction
judicieuse et un enseignement vrai triomphent de
naturels déjà corrompus, et les ramènent, sans
beaucoup de peine, vers le bien.

CHAPITRE XXXV.

***

Des Vices et des Crimes.

SANS aucun doute, l'organisation doit jouer un rôle dans la manière d'être de chaque individu : on est poussé plus ou moins vers le bien ou le mal ; mais ces tendances peuvent être rectifiées, et il est rare qu'elles soient plus fortes que l'éducation.

Les établissements de Mettray, de Petit-Bourg, et celui des environs de Rouen[*], ont résolu ce grand problème social et psychologique. A la vérité, l'action moralisante ne s'est adressée, dans ces établissements, qu'à des natures encore jeunes, et par conséquent plus susceptibles de modification ; mais le cœur humain est toujours le même ; les vices, aussi bien que les crimes, n'ont qu'un principe : l'ignorance et l'oisiveté.

Celui que le vice détourne du travail est conduit nécessairement au crime ; car l'oisiveté ne lui pro-

[*] Quevilly.

cure point ce qui peut satisfaire ses passions. Mais les passions sont amorties quand on a des notions du devoir, quand on se connaît soi-même, et quand on est soutenu par des conseils. Pour que les sollicitations du vice soient moins puissantes, il faut en être distrait par une occupation sérieuse.

Pense-t-on qu'un criminel soit content de lui, et qu'il ne soit pas facile de le convaincre qu'il a tort? Du moment qu'il n'a plus l'estime de lui-même, il est perdu, sans ressource, si on ne lui fait pas entrevoir qu'il peut reconquérir ce qu'il n'a plus. Il faut donc lui rendre l'espérance, le forcer au travail jusques à ce qu'il en ait pris l'habitude. C'est une maladie morale à traiter ; c'est un état de faiblesse dans la volonté, auquel il faut porter remède.

Il y a un temps voulu pour accomplir ce grand œuvre ; et ce temps est proportionné à l'abrutissement de l'individu. Montrez-lui avec un peu de contrainte, s'il le faut, que chacun a dans le travail un moyen de pourvoir à son existence ; que le travail éloigne les mauvaises pensées ; et fortifiez par l'instruction cette volonté sans vigueur, qui se trouve quelquefois commander à une force de corps herculéenne. Ces deux circonstances font d'ordinaire les grands criminels. La conviction de la force physique rend hardi dans l'attaque, et le succès d'un grand attentat conduit nécessairement à un second, autant par la certitude qu'on a d'avoir rompu avec la so- ciété, que par l'espérance de réussir.

La civilisation actuelle a un grand tort envers les criminels : c'est qu'elle ne s'occupe d'eux que pour les punir, sans s'inquiéter de ce qu'ils deviendront quand ils auront satisfait à la loi. Cet oubli * fait une nécessité de la récidive, et justifie en quelque sorte la persévérance désespérée de certains indivi- dus.

* Très-souvent, mais très-inutilement signalé.

CHAPITRE XXXVI.

***

Le Crime et le Vice viennent de l'Erreur.

L'Écriture sainte date le premier crime, par lequel le mal a fait son entrée dans le monde, non du fratricide de Caïn, mais du premier mensonge. Elle appelle Satan, la personnification du mal : *père du mensonge*. Le mensonge est donc une chose bien fatale, puisque, dans les temps primitifs, il avait déjà rendu nécessaire un jugement aussi nettement articulé.

Nous savons qu'il existe une différence entre l'erreur et le mensonge ; mais ils ont cela de commun qu'ils sont tous les deux opposés à la vérité. Que l'erreur soit souvent excusable parce qu'elle est involontaire, c'est ce que je ne contesterai point ; je me borne à remarquer qu'elle produit de désastreuses conséquences.

Prenons l'erreur dans ce qu'elle a de plus innocent, et voyons ce qu'elle va produire :

Un chasseur tire au jugé : il croit avoir fait feu sur un lapin, et c'est un enfant qui se trouve derrière les broussailles ! L'enfant est mort : quelle différence y a-t-il, dans le fait matériel, entre un enfant assassiné et celui qui est victime de l'erreur que nous venons de signaler ?

Nous affirmons que l'erreur est la cause principale du vice et du crime, non une erreur de fait, comme celle dont il vient d'être précédemment parlé, mais une erreur de jugement, telle qu'il en existe beaucoup dans les intelligences peu développées.

Nous allons démontrer ce que nous venons de dire.

Le vice ruine la santé et déconsidère : est-ce un calcul judicieux qui peut conduire à chercher de pareils résultats ?

Le crime met en guerre avec la société ; il conduit infailliblement à la flétrissure et à la mort. Est-ce encore une spéculation bien motivée? Pourquoi les hommes se livrent-ils donc au vice ou au crime? parce qu'ils raisonnent mal. On pourra me répondre : Mais Lacenaire et Cartouche étaient fort intelligents ; je conviendrai du fait, tout en faisant remarquer qu'on peut être intelligent et mal raisonner.

Quelle est la pensée de celui qui va commettre une mauvaise action? L'espérance d'être plus heureux que tous ceux qui l'ont précédé. Or, s'il savait ce qu'il devrait savoir ; si son intelligence naturelle, quelle qu'elle soit, eût été exercée; il n'aurait pas cru à une exception unique en sa faveur ; il se serait dit : *je serai découvert et puni comme les autres, puisqu'il est démontré que rien ne demeure caché.*

Veut-on admettre que le crime soit conseillé par une pensée de sensualité actuelle, qui ne laisse aucune place aux idées d'avenir ; qu'il provienne d'un désir immodéré de jouissances? Mais c'est encore un faux jugement, car le présent touche à l'avenir, et il y a folie à se livrer aujourd'hui à des actes qui nous flétriront demain.

On ne peut pas le contester, l'enseignement peut beaucoup pour la rectification de ces idées.

CHAPITRE XXXVII.

Différence entre des Actions qu'on peut croire semblables.

CERTAINEMENT le vol est une action très-condamnable, puisqu'il est un attentat aux droits d'autrui ; mais ne peut-il pas y avoir des modifications dans son principe ou dans sa cause, qui en atténuent la gravité ? L'odieux de l'action du vol se trouve en son entier lorsque celui qui la commet n'a eu d'autre instigateur que la convoitise, et qu'il n'a eu d'autre intérêt en vue que le sien. Mais si, par occasion, on a volé pour un autre ; si on n'a pas eu pour but un profit personnel, les choses restent-elles dans le même état ? Le dommage causé est le même assurément ; néanmoins il y a une différence qui doit être prise en considération par la justice des hommes.

J'ai vu fréquemment des pauvres apitoyant des domestiques par le tableau de leur misère et les portant à dérober, afin de leur faire l'aumône. J'ai vu d'autres domestiques voler, pour donner à leur mère, non de l'argent, mais des comestibles. J'ai vu des misérables poussés au vol par la faim. Il y a beaucoup de nuances différentes dans des actions qui paraissent les mêmes au fond. La commisération et la tendresse filiale sont des choses si bonnes en elles-mêmes, qu'elles doivent exclure toute idée de crime. Il y a alors ignorance, et non pas vice de nature. Sans aucun doute, ceux qui volent pour de si louables motifs se trompent, apprécient mal, mais ne sont pas de véritables voleurs. Pour les ramener ou les préserver, il suffirait de leur faire comprendre la portée de leur action.

L'enseignement moral aurait trouvé une vertu là où l'ignorance a fait éclore un vice. Ces considérations ont une haute portée. Le véritable voleur est celui qui vole sans une nécessité présente, et qui, par égoïsme, n'a aucun souci du dommage qu'il va causer. Celui-là pèche par le cœur ; et cependant on peut aussi l'attaquer en s'adressant à ce sentiment naturel qui, malgré nous, nous fait comprendre combien il est fâcheux d'être dépouillé de ce que l'on possède.

Quand vous pouvez adresser la question suivante : *Voudrais-tu qu'on te fît telle chose?* et qu'on vous a répondu *Non*, vous êtes autorisé à cette réplique :

Pourquoi donc le fais-tu? Ceci reste toujours sans réponse, parce que cela est d'une écrasante vérité ; mais cela commence à établir l'empire que la raison doit nécessairement acquérir sur toute créature pensante, quelque faible que soit son intelligence.

CHAPITRE XXXVIII*.

En morale, les Gouvernements ne sont pas plus avancés que les particuliers.

Puisque nous trouvons l'ignorance et l'erreur au fond de toutes les actions déloyales qui compromettent les individus ou affligent la société, il n'est pas difficile de conclure qu'il faut détruire l'erreur et

---

* Ce qui vient de se passer en Pologne et particulièrement en Gallicie est un terrible argument en faveur du titre de ce chapitre. Les gouvernements semblent prendre plaisir à justifier tous les soupçons, toutes les méfiances : il est impossible que la folie humaine, et le crime qui conduit les hommes à l'échafaud, aillent plus loin que ce qu'on a l'audace d'appeler de la politique. Les bêtes féroces tuent pour se nourrir, mais les hommes d'État calculent froidement les assassinats et les tortures morales. La force est encore le seul droit qui domine le monde : les nations les plus avancées ont fait quelques tentatives pour se soustraire à un pareil ordre de choses; mais le mouvement social est à peine commencé. La philosophie a beaucoup à faire pour que la modération, d'une part, et l'esprit

l'ignorance : c'est, en effet, dans ces deux maladies du cœur et de l'esprit qu'on trouve l'origine du mal moral, d'où découle naturellement le mal matériel, que nous sommes peut-être autorisé, par opposition, à appeler *mal physique*.

Il faut donc les combattre à outrance et les suivre jusque dans leur dernier retranchement. Mais qui se chargera de cette mission aussi glorieuse que difficile? Sans aucun doute ce devraient être les hommes appelés à gouverner, puisque l'enseignement doit se trouver d'abord dans leur exemple, et ensuite dans les institutions soutenues par leur forte et constante volonté. Hélas! cela n'est pourtant pas! Égoïstes par excellence, ils ne peuvent consentir à agir contre l'égoïsme. Ceux qui règnent

de justice de l'autre, empêchent des luttes imminentes dont les résultats seraient des torrents de sang.

Dieu semble avoir aveuglé les chefs des nations et les pousser fatalement à leur perte. Est-ce qu'il est nécessaire que l'échelle de l'erreur soit entièrement parcourue pour arriver à la vérité? La Providence veut-elle nous conduire au bien par l'excès du mal? veut-elle donner une leçon sévère à certains hommes? Il est impossible de pénétrer dans ses décrets; néanmoins, dans la situation intellectuelle où se trouvent les peuples, il n'est guère probable qu'ils supportent longtemps ce qui est. La stupidité brutale, le despotisme insensé, doivent avoir un terme. Puissent-ils reconnaître enfin les dangers de leur position!

par le mensonge sont peu disposés à faire connaître la vérité !

Cependant les pouvoirs législatifs, civils, administratifs, et judiciaires, ne peuvent guère se dispenser de concourir, sous l'inspiration d'une même pensée, à l'amélioration de la race humaine. C'est la grande mission du siècle, la seule qui puisse l'honorer et le recommander à la postérité.

S'il y a beaucoup d'individus corrompus et beaucoup d'autres susceptibles de se laisser corrompre, il n'y en a pas qui soient inaccessibles à la vérité, qui ne reconnaissent la supériorité de la vertu. Ce sentiment intérieur et général est la conscience publique : aucun pouvoir ne saurait l'éteindre ; elle finit par juger souverainement, et en dernier ressort, les hommes et les questions d'intérêt public.

Elle sait donc mieux que personne que les idées de justice ne sont nulle part : ni en Espagne, où on fusille sans jugement, sous le bon plaisir de Narvaëz * et de Christine ; ni en Angleterre, qui tyrannise l'Inde, l'Irlande, et compromet, par cupidité, l'Asie-Mineure et le mont Liban ; ni en Russie, où l'on n'a d'autre garantie de sécurité que celle qu'offre le caractère personnel du prince ; ni en

* Ceci est écrit depuis longtemps.

France, où on n'a d'autre préoccupation que celle de mentir à ses promesses. Dans les pays où il y a des institutions, elles sont faussées par la mauvaise foi ; dans les pays où il n'y en a point, règnent le despotisme et le caprice.

Le correctif de cette situation est dans les efforts de la philosophie qui discute et éclaire. Ce qu'on a fait hier, il est probable qu'on n'oserait le faire demain : tel est le résultat de la discussion des faits. Mettez des idées saines dans la tête des hommes, et les mœurs, consolidées par l'habitude, deviendront traditionnelles ; et les difficultés de l'enseignement moral seront diminuées de moitié.

CHAPITRE XXXIX.

Résumé de ce qui précède.

Au point où nous sommes arrivés, nous pouvons nous faire une idée de l'état actuel de la société ; des causes qui ont produit cet état ; des ressources que nous offre la science psychologique pour l'améliorer ; des intentions, de la capacité, de ceux qui gouvernent ; du travail intellectuel qui s'élabore dans les masses pour formuler une opinion ; en un mot, du désaccord qui existe dans le monde administratif ou politique, entre le fait et le droit.

Malgré la croyance où nous sommes que les mauvaises passions sont pour beaucoup dans le spectacle que nous offre la civilisation actuelle, nous ne leur faisons pas l'honneur de croire que cette civilisation soit entièrement leur ouvrage. Dans tout événement il faut faire la part des cas fortuits ou du hasard. L'égoïsme et la duplicité forment des plans, qui en doute ? mais ils sont le plus souvent réduits à profiter des occasions : d'ailleurs, les choses de ce monde se meuvent sous une impulsion qu'on n'arrête point, quoiqu'on puisse en ralentir la marche. Le temps est le plus grand élément de succès connu, mais il n'appartient pas à l'homme, et il mène rarement à bien les projets qui ne sont qu'ambitieux.

Il résulte de cette vérité que les opérations les mieux conduites, quand elles ont pour but un simple intérêt personnel, viennent se briser contre des obstacles imprévus ou contre la mort. L'esprit de suite ne se trouve que dans ce qui est juste, dans ce qui se rattache à l'intérêt général.

A ce point de vue, l'objet de la philosophie ne peut être que de ramener les hommes de sens vers les études des grandes questions sociales. Quand ces questions seront bien posées et que l'opinion les comprendra, il faudra que tout plie devant sa volonté.

Le plus grand service que l'on puisse rendre à la civilisation est donc de jeter un flambeau dans ses ténèbres, de lui montrer la vérité. Qu'elle s'étudie, qu'elle se connaisse, c'est pour elle le point capital. Le but de ma seconde partie est de l'aider dans cette entreprise.

En demandant que l'éducation morale soit placée à la hauteur de l'éducation intellectuelle, mesure qui mettrait l'homme en possession de ce qu'il a reçu de noble et d'immatériel, nous ne saurions oublier que nous avons à combattre beaucoup de croyances absurdes. Nous acceptons cette tâche de conscience, et nous la remplirons avec bonne foi. Ceux qui vivent de préjugés seront les seuls dont nous n'aurons pas l'assentiment; mais nous avons dû nous y attendre.

A chaque époque son costume et sa physionomie particulière. Puisque aucun labeur de l'esprit humain ne peut se perdre, il est évident que la masse des connaissances acquises doit considérablement augmenter. L'horizon de l'intelligence s'est agrandi : il devient impossible que la raison se contente de demi-notions sur des questions mal étudiées. Le règne des prestiges et des rêves de l'imagination est donc à peu près passé. La tendance de tous les esprits est de se porter vers le vrai, le simple, et l'utile.

C'est pour ne point faire défaut à ce besoin impérieux du moment que nous avons essayé de prendre la plume. A mesure que les grandes questions sociales seront vidées, les passions deviendront plus calmes et l'action gouvernementale plus facile. En pourrait-il être autrement? Lorsque l'on a prévu, ou du moins fait droit à toutes les justes réclamations, il ne reste aucun élément de discorde.

PHILOSOPHIE MORALE.

LIVRE DEUXIÈME.

« On ne vit calme et sain que
« dans le vrai. »

(RASPAIL, *Manuel annuaire
de la santé.*)

LA VÉRITÉ

CONSIDÉRÉE

Comme Cause unique du Progrès

De la Civilisation.

LIVRE DEUXIÈME.

CHAPITRE PREMIER.

Point de départ pour ce qui va suivre.

Dès que l'erreur est le plus grand ennemi que puisse avoir la société, il faut oser l'attaquer partout où elle se manifeste ; c'est le meilleur moyen de ramener vers le point principal toutes les lignes de déviation qui ont égaré l'espèce humaine.

L'erreur s'est introduite partout : nous la trouvons particulièrement dans les notions historiques, où il est parlé de quelque origine. Témoin le premier peuple de la terre, les Romains, dont les chefs furent, dit-on, nourris par une louve. Personne, assurément, n'admettrait aujourd'hui une pareille supposition ; pourquoi ne rejetterions-nous pas toutes les prétentions de même nature?

Pétris d'orgueil et d'ignorance, mais non pas dépourvus d'imagination, les hommes ont voulu s'occuper de choses au-dessus de leur portée; et, comme les documents leur ont manqué, ils se sont mis à inventer. C'est ainsi que peuvent s'expliquer ces prétentions perpétuelles d'être en communication réglée avec la Divinité, et ces innombrables caprices, ces passions entièrement humaines, qu'on a osé attribuer à Dieu, parce que ne le connaissant pas, il était impossible qu'on en fît autre chose qu'un homme.

Aucun peuple n'a hésité à dire des autres : *Ils sont dans l'erreur : moi seul j'ai trouvé la vérité.* C'est surtout en matière de religion que de pareilles affirmations ont été le plus souvent répétées; et pourtant ils n'ont tous qu'une même pensée, modifiée à peine par la différence des langages.

Qu'importe, au fond, que le père des dieux s'appelle, dans la fable, Zéüs ou Jupiter, et que le Dieu des Israélites prenne le nom d'Adonaï, de Jéhovah, ou de l'Éternel! tout cela signifie Dieu, et rien de plus.

De grandes ressemblances entre les religions antiques et modernes prouvent qu'elles sont toutes sorties de la même famille. Elles ont presque les mêmes formes extérieures, comme elles ont le même esprit *. Elles sont toutes nées d'un même senti-

---

* Toute personne capable de réflexion, qui a vu les zodiaques égyptiens, dans les salons du Louvre, a dû remarquer quelques personnages symboliques gravés autour de ces antiques monuments, et il a dû reconnaître dans leur costume une partie des ornements pontificaux adoptés par l'Église romaine. La mitre (empruntée sans doute au culte de Mythra, comme le mot le fait entendre), la crosse, le rochet, etc., etc.; rien n'y manque.

Ces emprunts ne sont pas les seuls que la religion moderne ait faits à l'antiquité. L'eau bénite, autrefois l'eau lustrale, la confession, les images du soleil, la matérialisation de la Divinité au moyen de la sculpture, sont des usages païens contraires à ceux des Juifs, et peu justifiés par l'esprit du christianisme.

Si on cherchait le motif de ces singulières adoptions, on ne le trouverait point dans les croyances de l'Église primitive, mais bien dans la nécessité de parler aux yeux et d'attirer à soi les idolâtres. Les papes n'ignoraient pas que le culte matériel plaît à la multitude, beaucoup plus que le culte spirituel, et ils n'étaient pas hommes à laisser un avantage quelconque

ment. Pourquoi donc se maudissent-elles? pourquoi une incurable jalousie en fait-elle des ennemies atroces, au lieu d'en faire des sœurs? c'est que les intérêts de la terre s'en mêlent, et qu'ils allument partout des rivalités.

aux mains de leurs adversaires, sans chercher à s'en emparer. En attirant les païens dans les temples du christianisme, ne fût-ce que par la curiosité, ils les familiarisaient avec la religion nouvelle, et rendaient plus faciles les conversions qu'ils voulaient produire à tout prix.

Il y avait, nous n'en doutons point, quelque zèle religieux dans cet accès de prosélytisme ; mais il y avait encore plus de politique mondaine ; car, lorsque l'empire fut transporté en Orient, les évêques de Rome ne tardèrent point à comprendre que la souveraineté de l'Italie ne pouvait manquer de leur appartenir. C'est pourquoi ils créèrent, avec une habileté incontestable, ce système d'envahissement moral, justifié par leur position et leur supériorité intellectuelle. L'Italie, ralliée par une même croyance, résista à la domination victorieuse des barbares, qui finirent par adopter les mœurs et la civilisation des vaincus.

A cette époque, l'Église, quoiqu'elle ne fût déjà plus le christianisme, servait la cause du progrès humanitaire, et c'est ce qui fonda son immense crédit.

CHAPITRE II.

Comment l'Erreur s'est répandue.

Quand il serait vrai que l'erreur n'est pas de l'essence de la nature humaine, elle aurait été introduite par le sentiment religieux. Cette affirmation
peut paraître paradoxale, et je ne serais pas étonné
qu'on cherchât à y trouver le caractère d'une réprobation malveillante : mais si l'on veut bien y prendre garde, le sentiment religieux est très-suscepti-
ble d'abus, et c'est de l'abus que nous entendons
parler.

J'aime et je respecte l'esprit religieux, pourvu
qu'il reste dans ses limites, et ne serve point de
piédestal à l'ambition. Lorsque l'esprit religieux se
fait l'appui d'un intérêt mondain, il devient une
déception et un mensonge ; c'est sous ce rapport
que nous pourrions être tenté de nous en séparer.

Quant au culte qui s'adresse à l'Être suprême, personne ne l'entoure d'une plus grande vénération que nous. Seulement nous le voudrions pur et sans arrière-pensée ; nous le voudrions simple et vrai, digne enfin de celui à qui il est offert.

C'est pour cela que nous chercherons à séparer l'or fin de son alliage, et que nous désirons passer le tout au creuset de la vérité.

CHAPITRE III.

Une Faute du Christianisme.

C'est un malheur pour le christianisme d'avoir
cru à la nécessité des miracles, et d'avoir voulu
nous en transmettre quelques-uns, comme preuve
de sa divinité. Outre que les miracles n'ont de
valeur qu'aux yeux des personnes qui les ont vus,
on peut remarquer que ceux dont nous parlons
furent d'un effet médiocre, puisqu'ils produisirent
peu de conviction.

Certes, le soleil obscurci, les ténèbres remplaçant
la lumière pendant trois heures (saint Luc); la
terre qui tremble, les pierres qui se fendent, et le
voile du temple se déchirant d'un bout à l'autre
(saint Mathieu, saint Marc, et saint Luc); sont des
faits assez frappants, lorsqu'ils arrivent sans perturbation préalable dans l'atmosphère, pour qu'on
n'en perde point le souvenir. Cependant aucun

écrivain désintéressé n'en a parlé : il semble que ces miracles qui ont bouleversé la nature n'aient été connus qu'à Jérusalem : saint Jean l'évangéliste, lui-même, n'en parle point. Comment se fait-il que les écrivains profanes se taisent sur un pareil événement, et qu'une partie des historiens sacrés n'en ait rien dit? Cela fait naître des doutes graves : cela devient nécessairement suspect.

Et si à des récits d'une nature si peu convaincante on ajoute que Dieu a été emporté par le diable sur une montagne, de laquelle on voyait tous les royaumes de la terre ; que là, le tentateur a dit à son Seigneur : *Je te donnerai tout cela si tu veux m'adorer*, on se surprend à se demander où est cette montagne pour laquelle les lois de la physique ne sont rien, et qui ne tient aucun compte de la rondeur du globe. Comment, d'ailleurs, le diable, créature subalterne, a-t-il eu le pouvoir d'emporter Dieu ? Tout cela est si dénué de vraisemblance, qu'il est impossible d'y croire, et qu'il est impossible de s'y intéresser, pour peu qu'on soit doué de bon sens.

On ne croira pas davantage qu'un troupeau de trois mille cochons ait été précipité dans la mer par une légion de diables, dans un pays où l'on ne mangeait point de cochons, et où il est conséquemment impossible qu'il y eût une aussi grande réunion de ces animaux *. Nous faisons grâce d'un plus grand nombre de citations.

Aux yeux de la raison et de la philosophie, le mérite du christianisme ne peut être ni dans son

---

* Comment séparer ces faits du reste de l'Évangile, sans porter atteinte à son intégrité? et comment admettre leur véracité sans renoncer à tout esprit de critique, à toute loi du sens commun? L'Évangile ne dit-il pas de plus : *Jamais sorcier ni sorcière, devin ni devineresse,* n'entreront dans le royaume des cieux. Ainsi le code des chrétiens, si recommandé par les protestants comme type de toute bonne instruction, reconnaît qu'il y a des sorciers et des sorcières. Devons-nous y croire? et qui y croit maintenant?

Je ne vois partout que des incohérences aussi peu admissibles que celles du Coran, et d'une nature tout à fait pareille. Sans aucun doute, ce mélange d'une haute philosophie morale et d'impossibilités physiques, qui visent au *merveilleux,* produit un effet déplorable : il laisse les esprits, tout à la fois logiques et religieux, dans l'alternative de ne pas croire ou d'annihiler leur raison. Mais si la raison se trouve comprimée par le sentiment religieux; si, d'une part, on la veut active et développée pour assurer le progrès dans la science; et de l'autre, engourdie et comme aveugle, il y a nécessairement contradiction.

La contradiction n'est point admissible dans un livre écrit sous l'inspiration de Dieu : dès qu'on est sûr de l'avoir constatée, il n'y a qu'une conclusion à en tirer; c'est que l'œuvre prétendue divine porte le sceau de l'humanité, qui est l'erreur. Elle n'est donc qu'une œuvre purement humaine. Ceci vaut la peine d'être médité.

origine ni dans la mission divine de son fondateur ; mais dans sa pureté, dans sa moralité, dans son esprit régénérateur.

Puisque Moïse avouait que les magiciens de l'Égypte faisaient des miracles semblables aux siens (Exode, ch. VIII, v. 7), qu'il s'en est fait partout et dans tous les temps, si l'on veut bien s'en rapporter aux déclarations de l'histoire ; le christianisme devait dédaigner un moyen si trivial et si usé.

Que le Christ n'ait point hautement avoué son but principal, celui de substituer une civilisation nouvelle à la civilisation romaine ; que pour l'accomplissement de son œuvre, toute philosophique, commencée dans un cercle bien circonscrit, il ait cru nécessaire d'emprunter le secours des idées judaïques ; il n'y a rien là de difficile à comprendre ; Jésus-Christ était né juif, a vécu juif, et est mort juif. Les dangers qu'il y avait dans son entreprise, dangers justifiés par les résultats, prouvent assez qu'il y avait des précautions à prendre : aussi fallait-il trouver un prétexte plausible aux enseignements de la philosophie chrétienne, et ce prétexte fut la Rédemption.

Les antagonistes de la Rédemption n'ont pas manqué de faire des objections qui leur ont paru très-sérieuses. Pourquoi choisir la 4963me année de l'ère du monde, si du moins on adopte la chronologie juive, pour venir sauver le genre humain? N'est-ce pas trop tard ou trop tôt? Si la Rédemption s'applique au passé, au présent, et à l'avenir, heureux sont ceux qui sont rachetés avant leur naissance, quels que soient les mérites de leurs œuvres! La Rédemption est-elle conditionnelle? Pourquoi l'incarnation de la Divinité et son supplice ont-ils été nécessaires pour sauver de misérables êtres, qui sont mauvais, parce qu'ils ont été créés incomplets? Nous ne donnons pas ces arguments comme sans réplique, nous les donnons comme produits par une série de faits contraires à la raison.

C'est ainsi qu'une question vaguement posée présente des difficultés qui ne peuvent être tranchées par l'intelligence, et qui, en définitive, doivent être acceptées ou rejetées aveuglément.

Et pourtant, c'était une bien noble, une bien admirable entreprise, que celle qui tendait à arrêter le dévergondage des mœurs romaines; à rappeler l'esclave à sa dignité d'homme; à prêcher la paix, la tolérance, l'oubli des injures, la charité, l'amour du prochain; et qui, après avoir osé dire aux grands de la terre : *Les premiers seront les derniers*, ajoutait, comme complément de toutes

ces sublimes doctrines : *Faites du bien à vos ennemis.*

Lorsque l'on a compris l'esprit de ces magnifi-
ques théories, on se sent tout humilié de l'entou-
rage qu'on a cru devoir leur donner. Quoi ! tout ce
que la raison a conçu de plus parfait, vous le mêlez
avec des rapsodies, comme on en trouve dans toutes
les légendes païennes ! Mais aussi, voyez ce qui en
est résulté : le plus grand élément de la civilisation, tombé entre des mains ambitieuses, au lieu de
produire la liberté et l'égalité, a donné au monde
le despotisme ; et les successeurs des humbles pê-
cheurs qu'on appelait *apôtres*, sont des princes de
la terre tout reluisants de soie, de dentelles, de
pierres précieuses, et d'or.

L'un est-il la conséquence naturelle de l'autre ou
en est-il la conséquence forcée? L'humilité doit-elle
devenir puissance? L'égoïsme et l'ambition sont-ils
charité? non. Ce qui a empêché la marche du christianisme, et compromis pour ainsi dire son avenir,
c'est qu'on a mêlé ses vérités de mensonges, et qu'au
jour de l'examen, la présence de ces derniers a fait
douter qu'il pût contenir rien de bon.

CHAPITRE IV.

Analyse de l'histoire des Hébreux.

La Bible (nous voulons dire l'Ancien Testament)
peut être considérée sous plusieurs aspects : le premier nous la montre comme l'histoire primitive du
genre humain ; et le second, comme l'histoire particulière des Juifs. Elle se compose de faits généraux et de faits individuels, dont les uns peignent le
système gouvernemental, et les autres les mœurs et
les croyances. C'est en examinant chacune de ces
faces isolément, que nous nous ferons une juste idée
de la Bible.

Avant de pénétrer dans l'analyse dont nous
venons de parler, nous avons besoin de faire quelques observations sur la Genèse, livre généralement
considéré comme inspiré, car il nous apprend des
choses qu'aucun homme n'a pu connaître. S'il est

inspiré, autrement dit, s'il vient de Dieu, il doit porter un cachet de vérité, d'incontestabilité, qui peut aisément se faire reconnaître ; car Dieu est la science et la vérité même.

En nous rattachant à ce point de départ, nous disons que la Genèse est le récit de la création ; récit pourvu de ce qui constitue la plus belle poésie parmi les hommes, c'est-à-dire de grandes images et du brillant du coloris. Il nous montre Dieu débrouillant le chaos et faisant surgir, par la seule puissance de sa parole, la lumière, le ciel, la terre, les animaux, et l'homme, dans six jours ; et se reposant le septième, comme satisfait de son œuvre.

Dans l'énumération de ce travail, l'homme arrive le dernier, ce qui est conforme aux observations géologiques ; mais la lumière créée le premier jour, c'est-à-dire trois jours avant le soleil dont nous la recevons, nous paraît une chose difficile à expliquer. Nous ne savons pas, non plus, jusqu'à quel point on peut admettre que les *étoiles aient été mises dans l'étendue des cieux pour éclairer la terre* ; car elles remplissent assez mal cette dernière fonction ; et la science moderne, qui les a prises pour des soleils, leur assigne un bien plus beau rôle que la Genèse.

Que la *mer* et les *herbes portant semence* aient été

créées avant le soleil et la lune, quoique la chose ne soit pas facile à concevoir, nous voulons bien l'accepter, puisque nous n'avons pas de preuves du contraire; nous désirerions seulement qu'on nous expliquât comment dans les terrains terciaires, où l'on trouve les cavernes à ossements et des squelettes des plus grands animaux, dont quelques espèces ont été perdues, on ne trouve aucune trace de l'existence de l'homme.

Est-ce dans l'espace d'un jour à l'autre que se sont formées ces superpositions de terrain où se montrent les premiers vestiges de l'espèce humaine? Est-ce d'un jour à l'autre que ces grands animaux sont nés, ont vécu, et sont morts? Les théologiens eux-mêmes ont été frappés de cette incohérence; et ils ont cherché à l'expliquer, en disant que *jour* n'était peut-être pas le mot exact pour exprimer les différentes périodes de la création; et qu'il fallait entendre, sans doute, *espace de temps mesuré, siècles.* Je ne demanderais pas mieux que d'admettre cette distinction, dont je comprends toute la nécessité; mais la Genèse, elle-même, s'y oppose; car, après chaque création, elle ne manque pas de dire : *Ainsi fut le soir, ainsi fut le matin.*

Comment appliquer sensément une pareille façon de parler à autre chose qu'à des jours? Je n'en vois guère la possibilité. La difficulté ne peut être donc résolue.

Quant à l'homme *créé à l'image de Dieu*, et fait pour être *immortel*, nous traiterons ces questions dans un autre moment. Nous avons des faits plus importants à remarquer dans la Genèse.

A peine l'œuvre de la création fut-elle terminée, que Dieu s'aperçut qu'elle était moins bonne qu'il ne l'avait d'abord pensé, et qu'il se repentit. Les fils de Dieu (les anges) trouvèrent les filles des hommes belles : ils s'accouplèrent avec elles, et produisirent une race de géants. Bientôt la colère de Dieu augmente, et il envoie le déluge qui ne remédie à rien, puisque, un peu plus tard, il faut encore brûler Sodome et Gomorrhe.

Nous sommes bien fâchés de le dire, mais aux yeux de tout homme qui peut comprendre la valeur de ce qu'il lit, la Genèse se fait remarquer par un pauvre agencement dans les idées. Il y règne une absence de logique, qui se fait sentir dans l'exposé des faits, dans le temps où ils se placent, dans leur corrélation, dans leurs rapports comparatifs ; et leur valeur morale y est presque toujours mal appréciée. La grande figure de l'Éternel y est réduite à des dimensions tout à fait humaines.

Quand Dieu dit au serpent : « Parce que tu as fait

« cela [1], tu seras maudit entre tout bétail et toutes
« bêtes des champs ; tu marcheras sur *ton ventre*,
« et tu mangeras de la *poussière* tous les *jours de ta*
« *vie* ; » il semble qu'il ne se rende pas un compte
bien net de la position du serpent. Est-ce de la bête
elle-même qu'il s'agit, ou bien de Satan, qui en a
pris la forme? Il y a certainement confusion dans
ces idées ou dans ces paroles ; ce qui n'est pas du
tout digne de la Divinité. Relativement à ce qui
suit, on serait tenté d'en conclure que le serpent ne
rampait point avant d'y avoir été condamné : quelle
était donc alors sa forme? Et pour ce qui est de la
poussière qu'il doit manger, il paraît que le ser—
pent a éludé cette partie de la sentence.

Après la désobéissance du premier homme, le
second débute par un fratricide ; et puis, quand
cette race est maudite, elle s'étend comme la peste,
et n'a d'autre occupation que de créer *des fils* et *des*
filles, comme il est dit au chapitre V, v. 4 et 13.
Dieu avait certes bien raison de dire : *L'homme*
est devenu comme l'un de nous, sachant le bien et le
mal : il faut prendre garde qu'il ne prenne de l'ar-
bre de vie et ne vive à toujours. C'était bien assez
et même trop qu'il eût la faculté d'engendrer

____

[1] Il s'agit de la tentation de la femme.

pendant huit ou neuf siècles. (Genèse, chap. III, v. 22.)

Parmi les paroles que Dieu adresse à sa créature (ch. IX, v. 4), on trouve celles-ci, qui peuvent donner singulièrement à penser : « Vous ne man- « gerez point de chair avec son âme, c'est-à-dire « avec son sang. » Ainsi, selon Dieu, le sang serait l'âme, ce qui anéantit, pour nous, toute idée d'immortalité[*]. Nous sommes portés à croire que le sang c'est la vie matérielle ; mais la vie spirituelle

---

[*] Ce passage n'est pas le seul qui prouve l'ignorance des Juifs sur la nature de l'âme. On trouve dans le Lévitique (ch. XVII, v. 11 et 14) les paroles suivantes : *L'âme de la chair est dans le sang;* et un peu plus bas : *L'âme de toute chair est dans son sang; le sang c'est son âme.* Les Saducéens ont conservé cette croyance, particulière à leur secte, jusques au temps de Jésus-Christ, époque où la philosophie grecque avait envahi la Palestine ; mais au temps des prophètes, le matérialisme était encore l'unique façon de penser des Hébreux. Nous en trouvons la preuve dans une phrase de Jérémie, que nous citerons plus tard lorsque nous examinerons les prophéties.

Rien ne combat avec plus d'avantage la prétention des Juifs à être le peuple de Dieu, et surtout à se trouver en communication journalière avec l'Éternel, que cette ignorance d'un point de doctrine reconnu si capital par le christianisme. Ou l'âme n'est point spirituelle et ne peut se survivre (opinion qui met le christianisme dans son tort), ou bien il est inouï que Dieu qui a dit tant de choses, si l'on en croit la Bible, n'ait

ne saurait être là. Certains critiques ont eu raison de prétendre que dans les premiers temps, les Juifs ne se rendaient pas compte de la double nature de l'homme : ils confondaient l'âme avec la vie ; aussi ne faisaient-ils aucune difficulté de dire : « Prends « une bouchée de pain afin que ton âme vive. » Nous trouverons plus tard matière à consolider cette opinion.

Un fait encore très-curieux, renfermé dans la Genèse, c'est qu'après le déluge, Dieu fit alliance avec l'*homme* et les *animaux*, et qu'il chargea son arc (l'arc-en-ciel) de le lui rappeler, quand il paraîtrait dans la nuée. Dieu se méfiait-il de sa mémoire? Tout cela serait incroyable si c'était avancé sans preuves ; c'est-à-dire si on ne citait pas ce qui est écrit.

Le rôle que l'Éternel joue dans la Genèse donne lieu à d'étranges suppositions d'imprévoyance. Dès que l'œuvre du sixième jour fut terminée, Dieu vit que ce qu'il *avait fait était bon*; et cependant, ce qu'il avait fait, il fut un peu plus tard obligé de le

jamais songé à celle-là. Cet oubli, de la part de Dieu, ajoute à ma conviction, qu'il n'a pas fait tout ce que l'on suppose, ou, si l'on veut, qu'il n'a rien fait de ce que l'on dit.

Lorsqu'on ose parler de Dieu, la réserve la plus modeste doit être commandée.

détruire par le déluge! Après le déluge se présente encore la nécessité de détruire Sodome, Gomorrhe; et il faut convenir qu'elles l'avaient bien mérité!

Mais ces punitions produisent-elles au moins un effet salutaire? nullement, car ce qui arrive de plus pressé à la suite de la dernière catastrophe est un inceste dans la maison de Loth, répété par la belle-fille de Juda.

A côté de ces exemples, peu séants à mettre sous les yeux des jeunes personnes, il en est d'autres d'autant plus dangereux qu'ils se rattachent à des noms révérés. Jacob, surnommé *Israël*, et le béni de l'Éternel, ne prospère que par la fraude, la ruse, et le mensonge. Nous n'en voulons d'autre preuve que les finesses qu'il met en usage pour tromper Laban et s'approprier une partie de ce qui lui appartenait. Sa conduite envers Ésaü, son frère, n'est pas moins déloyale : aussi, lorsqu'ils se rencontrent dans le désert, Jacob est-il épouvanté; et rien ne le rassure, tant sa conscience lui dit qu'il est coupable! Cependant Ésaü lui a accordé un généreux pardon et semble tout avoir oublié, si ce n'est que Jacob est son frère *.

---

* Pourquoi Dieu haïssait-il Ésaü? Est-ce parce qu'il était *velu* et qu'il avait les cheveux rouges? La conduite d'Ésaü est

On peut lire le détail de toutes ces scènes dans la Genèse, et chacun pourra se demander si la conduite du patriarche fut louable durant son administration des troupeaux de Laban.

La Genèse se termine à la mort de Joseph, survenue peu de temps après celle de Jacob. Elle laisse les Hébreux en possession de la terre de Gossen, en Égypte, terre qui leur fut cédée par Pharaon, à la recommandation de Joseph.

pleine de noblesse : il était, sous le rapport moral, extrêmement supérieur à Jacob.

CHAPITRE V.

Continuation de l'analyse de la Bible.

L'Exode et le Lévitique nous entretiennent de la sortie d'Égypte et de tout ce qui a rapport à la législation de Moïse. Au point de vue historique, ils renferment des détails de croyances et de mœurs, qui sont extrêmement curieux.

Il n'est point étonnant que les Hébreux aient voulu sortir d'une espèce d'esclavage, puisqu'ils avaient conservé leur esprit et leur nationalité au milieu des Égyptiens; mais les circonstances qui entourent leur fuite méritent une grande attention.

Moïse, l'auteur présumé du livre de la Genèse, est probablement le premier qui ait supposé l'intervention constante de la Divinité. Nous traiterons cette question un peu plus tard, nous nous bornons maintenant à remarquer l'usage que Moïse en a su faire. *En toutes choses*, il n'agit que par *l'ordre ex-*

près de Dieu : c'est un fort bon moyen pour avoir un grand crédit sur la terre.

Quoique nous accusions Moïse de s'être servi d'un mensonge sacré, nous ne l'accusons pas d'avoir eu des intentions mauvaises. Il voulait civiliser des hommes *de col roide*, pour nous servir d'une expression puisée dans ses livres ; et il craignait de n'être pas suffisamment obéi. Mais son mensonge, par cela seul qu'il était mensonge, devait produire des résultats funestes et de fatales imitations.

D'abord, il y avait quelque danger à essayer de faire parler la Divinité : car le moindre risque était de lui prêter un langage peu convenable ; c'était, de plus, engager tous les gouvernants, à venir, de se servir du même subterfuge. En adoptant un pareil moyen, il fallait se montrer d'une discrétion, d'une supériorité de raison, qui n'est pas à la portée de tout le monde. Moïse lui-même l'a éprouvé, malgré son génie.

Avant de partir pour le désert, Moïse, de la part de Dieu, ordonne à ses concitoyens de faire la pâque. Il exige que chacun tue un agneau ou un chevreau ; qu'il recueille le sang dans un bassin, et qu'il arrose de ce sang, avec une branche d'hysope, *les poteaux et le linteau de sa porte*. Il veut aussi que les Hébreux, à l'occasion de cette auguste cérémonie, empruntent à leurs voisins les Égyptiens les vases d'or et d'argent dont ils peuvent disposer. Or, le premier de ces commandements est motivé sur ce que Dieu devant frapper les premiers nés des Égyptiens, il faut qu'il reconnaisse, pour ne point se tromper, quelles sont les habitations de ses élus. Le second a pour but une spoliation, un vol, accompli au moyen d'un abus de confiance. Tout cela est aussi outrageant pour la Divinité qu'indigne d'un homme tel que Moïse ; tout cela est la conséquence d'un mensonge et décèle son existence aux yeux des gens de bonne foi.

Nous aurons l'occasion de nous retrouver en face des inconvénients humains, attachés à la croyance de l'intervention divine ; mais, pour le moment, nous voulons jeter un coup d'œil sur la législation des Juifs.

Moïse, sortant d'un pays où régnaient les idées théocratiques, est absous d'avance d'avoir suivi des principes dans lesquels il avait été élevé. C'est sans doute pour cette cause qu'il a mis tant de soin à régler le culte et les cérémonies religieuses ! La pensée religieuse se trouve, chez lui, jusque dans les prescriptions des ordonnances de police ; et nous la retrouvons encore dans le classement des animaux purs ou impurs, qu'on pouvait ou qu'on ne pouvait pas manger.

Ses préceptes moraux, Moïse les a renfermés dans sa loi du Décalogue. Cette loi, qu'il dit avoir reçue de Dieu sur le mont Sinaï, au milieu d'une tempête, ordonne de ne point tuer, de ne point dérober, de ne point dire de faux témoignage ; elle recommande d'honorer son père, afin de vivre longuement, et de ne point commettre d'impureté. Mais elle nous montre l'Éternel comme un Dieu fort et jaloux qui punit l'iniquité des pères sur les enfants, jusques à la quatrième génération.

Il faut bien que nous en fassions la remarque, un homme qui punirait les enfants, du crime de leur père, serait un tyran odieux. Comment est-il possible que ce qui ferait donner à cet homme, un titre flétrissant, puisse être dans les attributions de l'Être parfait, de l'Être par excellence ? Il faut être dépourvu de sens pour le croire : ainsi cette seule observation décèle la main de l'homme. Autre mensonge sacré mis à découvert.

A part ces observations, dont la force sera admise par les hommes de bonne foi, Moïse mérite le respect de la postérité la plus reculée. Sa législation est admirable pour l'époque où elle fut donnée, et l'influence qu'elle a eue sur les temps postérieurs en est la preuve irrécusable.

Quoique la pénalité du code de Moïse semble porter complétement sur le principe du talion, et ne paraisse guère élever la pensée au-dessus des règles les plus strictes de la justice, on trouve néanmoins dans ces lois quelques commandements où se montrent les germes de la philosophie du christianisme. Tels sont ceux que nous allons transcrire :

« Si tu rencontres le bœuf ou l'âne de ton enne-
« mi, égaré, tu le lui ramèneras. »

« Tu soulageras l'âne de ton ennemi, si tu le
« trouves couché sous son fardeau. »

Il y a loin de ces paroles à celles de l'Évangile, qui ordonnent de faire du bien à son ennemi et de bénir ceux qui nous maudissent ; mais elles sont de même nature et les dernières n'ont fait que développer les premières.

En voilà assez pour faire connaître Moïse, dont les œuvres ne sont pas le dernier terme de la civilisation, et qui cependant y tiennent un rang fort distingué. Elles ne nous laissent qu'un regret, c'est qu'on ait cru nécessaire de les entremêler de mensonges. C'est un tic qui porte malheur, car le mensonge est comme le crime, il est impossible qu'il ne soit tôt ou tard découvert.

CHAPITRE VI.

Suite de l'histoire des Juifs.

Après le fils de Jéthro * qui ne devait pas entrer dans la terre promise, mais qui sut habilement choisir son successeur, se présente Josué, grand homme de guerre et tout à fait propre à mener à bonne fin la mission qu'il avait à remplir.

Josué ne manqua pas, de même que Moïse, de se porter comme l'instrument aveugle des volontés de l'Éternel. Dieu lui dictait toutes ses entreprises, en réglait les détails, et ne lui laissait que le soin d'exécuter. Cette croyance répandue pouvait produire un excellent effet, en ce qu'elle donnait aux Hébreux une confiance qui excluait tout découragement. En cas de revers, ce qui arriva devant *Haï*, on ne manquait pas de trouver un coupable de quel-

* Moïse.

que infraction aux lois de l'Éternel, crime qui devait être expié. Un échec ou une défaite n'étaient donc que de peu de conséquence, puisque l'esprit du combattant restait toujours le même, plein de confiance dans la protection permanente de Dieu. C'est sur ces données que la prise de Jérusalem, à diverses époques, et toutes les captivités ont été justifiées : il y avait, ainsi, réponse à toutes les objections qui pouvaient se présenter.

On s'attend que nous ne nous arrêterons pas à la séparation des eaux du Jourdain pour laisser passer les Israélites. Ce miracle peut se présenter souvent dans un pays naturellement aride, dont les rivières ne sont que des torrents. On voit parfois, dans le midi de la France et très-souvent en Espagne, des rivières sans eau, que l'on peut traverser à pied sec ; il ne s'agit pour cela que de savoir choisir le lieu et le moment. De pareilles circonstances, poétisées par des imaginations arabes, se prêtent parfaitement au merveilleux. Pour ce qui est du soleil, qui s'arrête, afin de donner aux Hébreux le temps de mieux exterminer leurs ennemis, je livre ce miracle à ceux qui savent (ce qu'on ne savait pas du temps de Josué) que c'est le mouvement diurne de la terre qui fait la nuit et le jour, et non le mouvement du soleil. Dès lors c'eût été à la terre de ne plus mar-

cher : mais ce temps d'arrêt est impossible ; car,
d'après la vitesse connue du mouvement du globe,
l'effet naturel d'une station quelconque serait de
lancer les eaux de la mer par-dessus les rivages, et
de leur faire envahir les continents. Rien de tout
cela n'a eu lieu : donc l'ordre de la nature n'a point
été troublé pour une si misérable cause.

Mais ce qui est de l'histoire incontestable, c'est
l'envahissement de la terre promise, après une longue suite de victoires ; c'est la destruction de ses
villes, de ses populations, à la façon de l'interdit ;
c'est une boucherie complète d'hommes, de femmes,
d'enfants, d'animaux, et même de rois, puisque
Josué, dans le chapitre XII de son livre, déclare
(v. 24) qu'il en a fait pendre trente et un *.

Nous pensons qu'il est impie de charger Dieu de
la responsabilité des crimes de la terre, et nous ne
croyons pas qu'il soit utile de répandre de pareils
enseignements. Du reste, nous retrouvons des actes
analogues dans toute l'histoire des Juifs. Ce sont
des massacres d'individus, entre les princes, des
différentes familles royales ; entre Samarie et Jérusalem ; entre les douze tribus elles-mêmes, lorsqu'el-

---

* Moïse ne fut pas moins cruel envers les Madianites dont il
fit massacrer toutes les femmes qui n'étaient pas vierges, et
tous les enfants mâles.

les n'ont pas maille à partir avec les étrangers. Nous n'en citerons qu'un épisode remarquable, ne voulant pas tout citer ; c'est l'aventure du lévite d'Éphraïm.

Un habitant de la montagne d'Éphraïm prit une concubine de Bethléem, en Juda : cette personne se conduisit mal *, et quitta son mari pour retourner chez son père. L'habitant d'Éphraïm, qui était un lévite, éprouva tant de douleur de l'absence de sa concubine, qu'il se mit en route, suivi d'un domestique et de deux ânes, pour tâcher de la ramener.

Arrivé chez son beau-père, il y fut si bien traité qu'il y passa plusieurs jours en fêtes. Néanmoins, il se remit en route et se trouva aux environs de Guibha vers l'entrée de la nuit. Comme il était sur la place publique, attendant vainement que quelqu'un lui offrît l'hospitalité, un vieillard vint le recueillir et l'amena chez lui.

Pendant *qu'ils faisaient bonne chère*, selon l'expression du livre des Juges, chap. XIX, v. 22, les hommes de la ville, tous extrêmement corrompus, frappèrent à la porte du vieillard, et lui demandèrent l'étranger pour en user selon leur fantaisie ** ;

---

* Il est dit dans le texte, *qu'elle paillarda*.
** Le texte porte : *pour que nous le connaissions*.

mais le vieillard leur répondit : « Mes frères, ne
« faites pas de mal à cet homme puisqu'il est entré
« dans ma maison. Voici : j'ai une fille vierge et
« mon hôte a sa concubine, je vous les amènerai et
« vous les violerez ; vous ferez d'elles ce que vous vou-
« drez ; mais ne faites pas d'infamie à cet homme. »

Ces gens-là ne voulurent pas l'écouter ; cependant
ils acceptèrent la concubine, sans doute par un nou-
vel arrangement, et en abusèrent à tel point, qu'on
la trouva le lendemain morte, étendant les bras sur
le seuil de la porte, comme si elle implorait un refuge.

Le lévite, navré de cet affreux spectacle, chargea
le corps de sa concubine sur son âne et se hâta d'arriver chez lui, où, *empoignant un coutelas* et le corps
de la malheureuse victime, *il la partagea, avec ses
os* [*], en douze parts qu'il envoya aux douze tribus.

Les Israélites, étonnés d'une aussi méchante action, arrêtèrent en commun qu'ils s'adresseraient
aux Benjamites pour leur demander de leur livrer
la population de Guibha ; mais ces derniers s'y re-
fusèrent et prirent les armes pour s'opposer aux intentions d'Israël.

La lutte s'engagea donc entre 26,000 hommes

[*] Paroles textuelles.

d'une part et 400,000 hommes de l'autre. Les Benjamites, malgré l'infériorité du nombre, se comportèrent si vaillamment, qu'ils remportèrent plusieurs victoires signalées ; enfin, une embuscade les ayant compromis, les Benjamites furent entièrement détruits, moins 600 hommes qui échappèrent au désastre et se retirèrent dans le désert, au rocher de *Rimmon.*

Cette guerre, si mal engagée, coûta la vie à 65,100 *hommes,* qui *furent tués en trois jours,* sans compter les femmes et les enfants des vaincus.

Un peu plus tard, les Israélites eurent du regret d'avoir presque exterminé la tribu de Benjamin : ils rappelèrent ce qu'il en restait ; et pour lui donner les moyens de se rétablir, ils allèrent vers *Jabès* et *Galaad,* dont ils détruisirent la population à la façon de l'interdit, ne sauvant que quatre cents filles dont ils firent présent à Benjamin.

Est-il besoin de faire ressortir l'absurdité de cette conduite? Quels étaient les plus barbares, des Benjamites soutenant les abominations de Guibha, ou d'Israël massacrant la population de deux villes pour donner quelques filles à Benjamin?

Du reste, quelque chose peut-il étonner d'une population dont les femmes offrent l'hospitalité à des fugitifs pour leur enfoncer, pendant leur sommeil, des clous de neuf ou dix pouces dans les tempes ; d'une nation qui tue 42,000 hommes, parce qu'ils prononcent *siboleth* au lieu de *schiboleth ?* (L. des Juges, ch. XII, guerre de Jephté contre les Éphraïmites.)

CHAPITRE VII.

Livre des Rois.

APRÈS le livre de Ruth, épisode en façon d'églogue, qui respire un parfum de douce vertu, bien rare parmi les récits de la sainte Bible, nous arrivons au livre des Rois, non sans avoir passé sous la domination de Samuel, fils d'Héli, le dernier des juges, et sous celle d'Abimélec, fils de Gédéon, homme énergique et féroce, qui commence par assassiner soixante-dix de ses frères, et qui finit par raser Sichem, en égorger les habitants, et semer du sel sur ses ruines.

Saül, que Dieu désigne à Samuel, en lui disant : *Voici l'homme*, ne conserve pas longtemps la faveur de l'Éternel. Une guerre malheureuse qu'il fait contre les Philistins, et une maladie assez semblable à l'épilepsie, lui font perdre toute considération. David, vainqueur de Goliath le géant, gagne tout ce que Saül a perdu, et en peu de temps il est désigné comme son successeur.

Si David n'avait pas une haute réputation de sagesse, s'il n'était pas cité comme un modèle de sainteté, nous nous bornerions à remarquer la supériorité de son administration, sans dire un seul mot de sa vie privée; mais quand on est le favori de Dieu, il faudrait mériter ce titre et ne pas tomber dans des fautes qu'on pourrait appeler crimes à juste titre.

Pense-t-on qu'il soit bien avantageux de citer comme modèle un homme qui, ayant des milliers de concubines, convoite la femme d'un de ses meilleurs officiers, et le fait tuer pour que cette femme lui appartienne? N'y a-t-il pas tout à la fois, dans cet acte, de l'improbité, de l'ingratitude, un ignoble égoïsme, et tout ce que la luxure a de moins délicat? Combien on trouverait d'hommes qui verraient dans un pareil exemple une excuse plutôt qu'une leçon! En effet, le vice est ingénieux à se justifier. Chacun se dira : Puisque David a pu commettre de pareilles erreurs, lui, le favori de Dieu; lui, doué d'une raison si supérieure; pourquoi exigerait-on davantage de moi, qui ne suis qu'une faible et infime créature? Ce que David a fait, je le ferai; et Dieu ne sera pas plus sévère envers moi qu'il ne l'a été envers le plus grand roi d'Israël.

C'est ainsi que la pente du mal devient glissante, que l'on peut se sentir entraîné ; c'est ainsi que les passions s'attachent au moindre prétexte et trouvent le moyen de se justifier. Salomon ne se montre pas plus juste lorsqu'il fait mettre à mort son frère Adonija, bien plus pour se débarrasser d'un concurrent, qui pouvait faire valoir des droits, que pour le punir de lui avoir demandé Abisag la Sunamite. Était-ce donc un si grand crime que d'avoir éprouvé de l'amour pour la jeune fille qui avait réchauffé le saint roi David dans sa vieillesse!

La gloire de David et de Salomon fut tout particulièrement d'être de grands poëtes. Les Psaumes, les Cantiques, les Proverbes, le livre de la Sapience, sont des monuments qui constatent l'état d'une croyance religieuse et morale, et qui déterminent, jusques à un certain point, le caractère d'une époque, ainsi que le degré de sa civilisation.

Mais les écarts érotiques de Salomon nous semblent constituer une étrange bigarrure. Est-il vrai, d'abord, qu'il y ait une pensée mystique au milieu de cette crudité d'images obscènes? La bien-aimée est-elle l'Église? Le bien-aimé est-il le Christ? Et dans le cas où nous pourrions admettre une pareille supposition, pourquoi chercher l'expression de cette union sainte dans tout ce que les plaisirs charnels offrent de plus provoquant pour les jeunes et pures imaginations? L'Église romaine qui est assez indulgente, surtout en Italie, à l'égard des goûts et des mœurs, n'a pas cru devoir permettre cette lecture. Les protestants eux-mêmes, persuadés que tout doit se lire dans les saints livres, ont reculé devant le Cantique des Cantiques; et la société biblique ne donne plus cette pièce que mutilée, ou pour mieux dire purgée de toutes ses iniquités *.

Nous ne blâmons pas la société biblique de ses scrupules, bien au contraire, nous pensons qu'il était impossible de montrer l'œuvre de Salomon telle qu'elle a été écrite; aussi nous osons censurer cette œuvre quant à la forme, et surtout nous nions sa moralité. Le Cantique des Cantiques placé dans un livre saint serait un terrible argument contre cette prétendue sainteté. Du moment qu'on offense tout sentiment de pudeur, il est inutile de parler du sens caché et de la pureté de l'intention. L'intention est souvent obscure ou problématique : l'expression, ici, n'est que trop claire, et la manière dont elle affecte l'intelligence du lecteur ne l'est pas moins.

* Voyez la Bible de David Martin, mise en circulation et propagée par les sociétés bibliques.

Les successeurs de David et de Salomon ne méritent pas qu'on s'occupe d'eux. Cruels comme tous les Juifs, ils se livrent aux horreurs des guerres intestines, des intrigues de famille, et aux chances des luttes de l'ambition. C'est toujours Jérusalem triomphant de Samarie, ou Samarie triomphant de Jérusalem : ce sont des égorgements sans fin, interrompus quelquefois par des invasions étrangères, **qui** conduisaient à la captivité.

L'histoire juive ne jetant plus aucun éclat, **nous** nous croyons dispensé de la suivre dans ses phases décolorées, et nous n'avons plus à en étudier les événements. Que nous apprendraient-ils? rien qui pût changer nos convictions sur l'esprit **qui domine** la Bible. Nous ne terminerons pourtant pas **notre** examen d'ensemble, sans avoir jeté un coup d'œil sur un livre étrange, placé au milieu des **autres** comme un hors d'œuvre, et qui mérite d'être étudié.

Le livre de Job est peut-être la création la plus saillante du génie oriental. Qu'est-ce que Job? Est-il hébreu? est-il arabe? nous l'ignorons. Cependant, si l'on en juge par le peu de notions qu'on trouve sur son origine, dans son premier chapitre, et surtout sur la forme dont il revêt son style, ainsi que sur la nature de ses pensées, nous ne le croyons pas hébreu.

La poésie de Job ressemble beaucoup, par la philosophie de la pensée et par les teintes de l'imagination, à tout ce qui s'est créé sous la tente du nomade, soit avant, soit après Mahomet.

Job commence en nous mettant au fait d'une conversation entre Dieu et le diable, au sujet du peu de résignation dont l'homme est capable, même lorsqu'il a mérité le surnom de *sage* et de *juste*. Dieu croit à l'inébranlable piété de Job, à sa patience, à sa force d'âme; il le suppose plus fort que le malheur. Le diable a une opinion contraire. Pour savoir lequel des deux a raison, Dieu permet à Satan d'employer toutes sortes d'épreuves.

Il faut convenir que le diable s'y prend fort bien pour désespérer son homme : il lui fait annoncer une série d'événements plus propres les uns que les autres à briser toute l'énergie de son cœur. Ses enfants, ses bestiaux, ses maisons, enfin tout ce qui fait sa joie et constitue sa fortune lui est enlevé par le feu du ciel, par une irruption du vent du désert, et par la méchanceté des hommes. Job déchire ses vêtements, rase sa tête, en signe de deuil, et se prosterne.

« Je suis sorti nu du ventre de ma mère, s'écrie-« t-il, et nu je m'en retournerai. L'Éternel me les

« avait donnés, l'Éternel me les a ôtés, que le saint
« nom du Seigneur soit béni ! »

Satan ayant échoué dans cette première tentative
frappe le sage d'un grand ulcère. Sa femme s'en af-
flige d'une manière exagérée : « Tu parles comme
« une femme insensée, lui répond-il ; quoi ! nous
« recevrions de Dieu les biens et nous n'en rece-
« vrions pas les maux ! » Cependant il finit par
maudire le jour où il est né : un de ses amis le reprend et le console : « Bienheureux, lui dit-il, ceux
« que l'Éternel châtie ! car si c'est lui qui fait la
« plaie hideuse, c'est aussi lui qui la guérit. »

Job n'en continue pas moins à exhaler son afflic-
tion en paroles touchantes, quoique un peu verbeu-
ses. Il se plaint de ses amis qui mettent la sécheresse
du raisonnement là où il ne faudrait que de la sen-
sibilité, et qui semblent plus disposés à le blâmer
qu'à le plaindre. Est-ce là un premier avertissement
sur le peu de solidité de l'amitié? et devons-nous y
trouver le germe du célèbre mot d'Aristote : « O mes
« amis, il n'est point d'amis ! »

Quoi qu'il en soit, les discours de Job pourraient
être fort abrégés, sans rien perdre de leur substance.
La sagesse, qui s'exprime en termes laconiques,
n'en produit que plus d'effet.

Cependant, nous devons le dire, Job n'est pas

tout à fait à la hauteur où la bonne opinion de Dieu l'a placé. Satan a donc eu raison, jusques à un certain point, de compter sur sa faiblesse ; c'est pourquoi l'Éternel prend la peine de l'instruire du milieu d'un tourbillon en lui faisant sentir son ignorance des choses de la nature.

Job n'en est pas moins un homme droit et sincère : il reconnaît ses erreurs et prie pour ses amis douteux *. L'Éternel, satisfait, le bénit et lui rend sa prospérité passée.

Tel est le livre de Job, où nous trouvons beaucoup de cet esprit de support, de cette mansuétude, qui caractérisèrent plus tard la philosophie de Socrate. Il paraît que le livre de Job n'était pas très-familier aux Hébreux ; du moins ils n'en ont pas retiré l'espèce d'instruction qu'il renferme.

---

* Sans être chrétien, Job met en pratique le plus beau précepte du christianisme.

CHAPITRE VIII.

Des Communications entre le Ciel et la Terre *.

Les peuples primitifs ont toujours eu la prétention d'être placés sous l'action immédiate de la

* Nier que le ciel ait été en communication avec la terre,
c'est se montrer opposé à toute idée de révélation. Rien de ce
qui se passe, à notre connaissance, ne peut aujourd'hui justifier
la manie de certains hommes qui veulent à toute force qu'on
les croie, par transmission du moins, les interprètes de la volonté de Dieu. Si Dieu a parlé, pourquoi ne parle-t-il plus ?
pourquoi n'a-t-il pas imprégné sa parole de cette puissance de
conviction qui ne se trouve pas dans des écrits visiblement
entachés d'erreur ? N'est-on pas surpris que Dieu ne donne
plus aucun signe de sa volonté ; que cette volonté se soit exprimée devant des ignorants fanatiques, en termes inexacts,
tels que les hommes de nos jours peuvent y trouver à blâmer
de la meilleure foi du monde ?

Disons franchement ce qui est : la révélation a été inventée
pour donner plus de crédit à l'action législative : elle a pris
naissance dans une pensée théocratique. Des hommes, ou pour
mieux dire des prêtres, voulant dominer leurs semblables, ont

Divinité. Les dieux sont descendus pour eux sur la terre ; les ont instruits, les ont civilisés, leur ont

trouvé commode, pour mettre leur œuvre au-dessus de toute responsabilité, de tenir leur mandat de Dieu ; et ils ont proféré un mensonge. Je ne veux pas incriminer leur intention ; mais le fait paraît évident.

Aujourd'hui que la morale doit être regardée comme une conséquence inévitable du principe social, que le raisonnement suffit pour le démontrer ; aujourd'hui qu'il est impossible, à moins d'être en délire, de contester les avantages de la vie en commun, si propre à agrandir l'intelligence de l'homme ; la nécessité de la révélation n'est plus acceptée, et on peut la prendre pour ce qu'elle est.

Sans la révélation, l'état social reste encore pourvu de toutes ses garanties ; car il a dans son essence (il ne peut même exister sans cela) tout ce qui contient les passions et fait dominer la justice. Il pose un *sine quâ non* bien clair, bien incontestable, qu'il faut nécessairement accepter, sous peine de revenir à l'état sauvage. La révélation est donc aujourd'hui sans but.

Dès lors, à quoi bon conserver une fiction qui n'a plus de portée morale et qui met une arme dangereuse entre les mains de gens disposés à en abuser ? L'esprit humain est assez avancé pour simplifier beaucoup les rouages de l'ancienne machine civile ou religieuse. Il n'a plus besoin que de vérité.

C'est donc une chose bien plus importante qu'on ne le pense, que de séparer la morale (autrement dit le code des devoirs sociaux imposés à l'homme) de la religion, c'est-à-dire des devoirs de l'homme envers Dieu. Ne voit-on pas qu'il est impossible de confondre des opérations intellectuelles, dont les fins ne sont pas les mêmes ? et ici, la fin de l'une est Dieu, et la fin de l'autre est l'homme.

donné la victoire ; enfin les ont traités avec prédilection et amour, comme on traite des enfants
adoptifs.

Ces croyances, si généralement répandues, qu'on
les retrouve partout, ont eu pour origine la nécessité d'en imposer aux masses, pour les conduire, et
ont été accueillies par la vanité, l'une des grandes
maladies du cœur humain.

Nous ne croyons pas nécessaire d'insister beaucoup sur les faits de l'histoire profane : les héros
d'Homère invoquent le puissant Jupiter, lui pro-
mettent des hécatombes, s'il daigne les exaucer ; et
le maître du tonnerre envoie son aigle sur leur
droite, en signe de sa protection. Des dieux sont
venus fonder des villes : ils se sont manifestés aux
guerriers, aux législateurs, aux princes : Mars et
Romulus sont apparus aux Romains dans les plus
graves circonstances : personne n'en doutait alors ;
et nous, nous sommes très-assurés que ce sont de
puériles erreurs.

Comment, ce que nous rejetons d'une part, nous
croyons-nous obligés de l'admettre d'une autre ? Nos
convictions sont-elles mieux établies que celles des
Grecs et des Romains ? Les faits ne sont-ils pas,
sinon identiques, du moins analogues ? Les probabilités ne sont-elles pas égales des deux parts ? Et si,

dans les prétendues manifestations de la Divinité, il se trouve des prescriptions émanées d'une raison vulgaire, d'un intérêt particulier de nation ; si l'équité s'en trouve offensée, s'il y a partialité bien reconnue, n'est-il pas clair qu'il y a abus d'un nom sacré, erreur ou mensonge?

La Bible, plus qu'aucune autre histoire écrite de la main des hommes, a abusé du droit de faire parler le ciel. L'histoire sainte n'est qu'un perpétuel dialogue : la responsabilité des hommes y est toujours mise à couvert par l'autorité de Dieu.

Encore s'il s'agissait de choses graves, lorsque l'Éternel prend la parole, on pourrait, jusqu'à un certain point, croire à la nécessité d'une pareille communication; mais pour dire : « Tu n'appelleras « plus ta femme Saraï, tu l'appelleras Sara » (G., ch. XVII, v. 15); « on ne te nommera plus Jacob, « ton nom sera Israël » (G., ch. XXXV, v. 9 et 10), en vérité ce n'était pas la peine de faire intervenir la majesté divine.

Est-il possible que, dans la guerre des Madianites, Dieu ait commandé à Moïse de détruire tous les mâles de cette nation, de brûler les villes, et de ne laisser enfin subsister que les femmes qui seraient vierges! (Livre des Nombres, ch. XXXI.)

Dieu a-t-il aussi réellement commandé les massa-

cres de Josué dans le pays de Canaan* ? Dieu peut-il
vouloir que des populations en exterminent d'autres, les pillent, les anéantissent, sous le vain prétexte de : *Ote-toi de là que je m'y mette;* Dieu veut-il
qu'on fasse passer l'argent des peuples vaincus dans
son trésor? Dieu a-t-il réellement un trésor? Dieu
a-t-il pu vouloir qu'on ne sauve, de toute la population d'une ville, qu'une fille publique? Tout cela
est tellement absurde, que rien ne saurait l'accréditer aux yeux d'un homme de bon sens.

Dans le seul livre de la Genèse, Dieu adresse la
parole aux hommes quinze fois. Dans l'Exode, les
dix premiers chapitres ne contiennent que des ordres de Dieu et des réponses de Moïse. Plus tard les
communications deviennent encore plus fréquentes,
lorsqu'il s'agit de la législation. Le Lévitique, le
livre des Nombres, et le Deutéronome, sont entièrement écrits dans le même esprit : aussi est-ce avec
grande raison que ce dernier livre, au chapitre

---

* (Livre de Josué, ch. VI, v. 22.) « Ils passèrent au fil de
« l'épée tout ce qui était dans la ville ; depuis l'homme jusqu'à
« la femme, depuis l'enfant jusqu'au vieillard, même jusqu'au
« bœuf, à l'âne et au menu bétail. Puis ils brûlèrent la ville,
« mettant l'or, l'argent, le fer, et les vaisseaux d'airain, au
« trésor de l'Éternel (v. 24). Ainsi Josué sauva la vie à Rahab
« la paillarde (v. 25). »

XXXIV, v. 10, déclare *qu'il ne s'est jamais levé en Israël de prophète comme Moïse, qui ait connu l'Éternel face à face.*

Samuel est encore un des hommes à qui Dieu semble avoir beaucoup parlé ; du moins son livre l'atteste. Lorsque Dieu lui a *recommandé d'obéir à la voix du peuple*, qui demande un roi, le prophète fait entendre aux Israélites ces paroles sensées (livre de Samuel, ch. VIII, v. 11) :

« Ainsi Samuel dit au peuple les paroles de
« l'Éternel : Le roi prendra vos filles pour en faire
« des parfumeuses, des cuisinières, et des boulan-
« gères (v. 12) ; et il prendra vos champs, vos
« vignes, et vos oliviers, pour les donner à ses ser-
« viteurs (v. 14) ; et il prendra la dîme de ce que
« vous aurez semé ou vendangé (v. 15) ; et il em-
« ploiera vos serviteurs, vos servantes, et vos ânes,
« ainsi que l'élite des jeunes gens, à ses ouvrages
« particuliers (v. 16) ; et il dîmera vos troupeaux
« et vous fera esclaves. »

Ce que dit Samuel aurait encore beaucoup plus de prix, si sa position particulière de juge de la nation, c'est-à-dire de chef des Hébreux, ne le faisait soupçonner d'obéir à un sentiment de jalousie contre celui qui allait le dépouiller de son pouvoir.

Si nous poussions plus loin nos investigations, il demeurerait constant que Dieu a été le chef invisible de la nation juive ; qu'il l'a gouvernée par des lieutenants irresponsables, dont le seul devoir était d'obéir ; que cette pensée domine tout l'Ancien Testament ; et que, dès lors, l'Éternel est chargé de l'odieux des massacres politiques et des exécutions sanglantes qui dominent dans le cours de ce long récit. Or, supposer Dieu capable de commander des actes tellement affreux, qu'ils seraient flétrissants pour la mémoire d'un homme ; c'est méconnaître la nature de Dieu ; c'est l'offenser. Donc ces prétendues communications portent le caractère du mensonge, et il est impossible de les accepter comme des vérités.

CHAPITRE IX.

Des Prophètes.

Les œuvres des prophètes se composent de poésies lyriques où l'on trouve plus d'énergie que de goût, plus d'abondance que de correction. Soit qu'elles déplorent les fautes d'Israël, soit qu'elles fassent parler la colère de Dieu, le style en est dur, plein d'obscurité, et bizarre.

La poésie a toujours prétendu à l'inspiration, surtout dans l'enfance des peuples, lorsque la science n'est pas encore formée. Alors les poëtes se placent facilement en tête des nations et les devancent dans tout ce qui a rapport à l'intelligence. Il n'en est pas de même lorsque la civilisation est plus avancée ; parce que ce qui distingue les hommes civilisés, c'est d'étendre les idées positives et de restreindre les écarts de l'imagination. Platon rendait hommage à cette vérité, en bannissant les poëtes de sa république.

Prenons donc les prophètes pour ce qu'ils sont dans les saintes Écritures, c'est-à-dire pour des *Victor Hugo* et des *Lamartine* de leur temps, et voyons quelle peut être leur valeur réelle.

Nous commencerons par faire observer que, fidèles au système adopté par leurs devanciers, les prophètes ne s'expriment jamais d'après leurs propres inspirations. C'est toujours l'Éternel qui parle : aussi, soumis à une formule qu'ils ne prennent pas la peine de varier, ils commencent presque toujours en disant : *Écoutez la parole de l'Éternel* (Osée) ; *voici la parole qui fut adressée à Joël ; ainsi a dit l'Éternel* (Amos) ; *or, la parole de l'Éternel fut adressée à Jonas ; c'est ici la parole de l'Éternel* (Sophonie) ; *ainsi a parlé l'Éternel des armées* (Aggée) ; *la parole de l'Éternel fut adressée à Zacharie : Je vous ai aimés, a dit l'Éternel* (Malachie) ; *cieux, écoutez ! et toi terre, prête l'oreille, car le Seigneur m'a parlé* (Ésaïe) ; *les paroles de Jérémie auquel fut adressée la parole de l'Éternel ; la parole de l'Éternel me fut adressée, ou me fut encore adressée* (Ézéchiel). Daniel est le seul qui semble parler de lui-même, et qui raconte ce qu'il sait ou ce qu'il a vu. Sa vision des bêtes qui montent de la mer, aussi bien que celle du bélier et du bouc, sont symboliques, je n'en doute point ; mais on leur trouvera le sens qu'on voudra, car elles ne disent que les choses les plus vagues.

Ezéchiel, tout aussi inintelligible à certains égards que Daniel, nous parle d'une pénitence qui lui est imposée et dont notre délicatesse nous empêche de faire connaître la nature *. C'est une si étrange fantaisie de la part de Dieu, qu'en vérité nous aimons mieux n'y voir que les écarts de l'imagination d'un homme.

Dans son chapitre XVII, Ézéchiel se fait dire par l'Éternel : *Fils d'homme, propose une énigme à la maison d'Israël.* Nous ne savons pas si, en effet, Dieu a du goût pour les énigmes, comme ce passage tendrait à nous le faire croire ; mais nous ne doutons pas que les prophètes ne les aient en grande recommandation : l'usage qu'ils en font en est la preuve. Néanmoins, si leurs énigmes étaient proposées en termes plus décents que ceux employés dans la soi-disant allégorie d'Olla et d'Oliba, nous pensons que la pudeur n'y perdrait rien **.

* (Ch. IV, v. 12) : « Tu mangeras des gâteaux d'orge, et tu « les cuiras avec de la fiente de l'homme ; (v. 15) et il me ré- « pondit : Je te donne la fiente de bœuf en remplacement de « la fiente de l'homme. »

** Voltaire a eu la cruauté de rendre à la traduction de cette

La poésie d'Ésaïe est bien plus belle que celle d'Ézéchiel : elle a plus de clarté, quoique ce ne soit pas le côté par où elle brille. On cherche à se rendre compte de ce qu'Ésaïe peut entendre par les *îles* dont il parle si souvent. Il n'y a point d'îles, soit dans les environs de la Palestine, soit à Ninive, soit à Babylone où les Juifs subirent leur captivité.

Le style d'Ésaïe ne manque ni d'images ni de mouvement, mais il n'est pas exempt de mauvais goût. Telle est l'expression employée au chapitre VII, v. 20 : *Le Seigneur rasera avec un rasoir de louage.* Il est impossible de dire quelque chose qui cadre moins avec la majesté de Dieu.

Jérémie a les défauts et les qualités de son prédécesseur. Il fait dire à l'Éternel : *Je plaiderai avec vous et avec les enfants de vos enfants.* L'idée de Dieu, plaidant avec plusieurs générations juives, sans pouvoir les convaincre ou les ramener, nous donne une piètre idée de la majesté divine. (Ch. II.) Dans le ch. III, v. 13, Dieu plaide en effet, et se tient

pièce sa nudité originelle. Elle est d'une nature si grossière, si révoltante, que nous n'oserions la présenter à nos lecteurs. Nous ne pouvons pas blâmer les traducteurs de la Bible d'avoir gazé de leur mieux les obscénités de l'original ; mais nous disons que la nécessité d'en faire une traduction mensongère ne peut que discréditer la Bible.

debout pour juger les peuples ; et ce même Dieu, qui *rugit de colère d'une façon épouvantable* (ch. VII, v. 20), et qui promet de n'épargner *ni les hommes, ni les bêtes, ni les arbres des champs, ni les fruits de la terre,* tolère ces paroles de son prophète : *Seigneur éternel, oui certainement, tu as abusé ce peuple de Jérusalem* en disant : *Vous aurez la paix, et l'épée est venue jusques à l'âme !*

Le fait capital de l'enseignement des prophètes est, sans contredit, ce qui peut avoir rapport à la venue, à la prédication, et à la mort de Jésus-Christ. Nous avons étudié cette question avec toute la bonne foi dont nous sommes capables, et nous ferons l'exposé de tout ce qu'elle nous aura fourni.

Parmi les chapitres que les commentateurs ont décorés d'un intitulé, quelques-uns paraissent, en effet, avoir rapport à la personne de Jésus-Christ. Tels sont le chapitre IX de Daniel, sur la fin de la captivité, et les chapitres VII et VIII d'Ésaïe. Dans le premier, l'ange Gabriel annonce à Daniel qu'il y a *septante semaines déterminées sur le peuple et sur la ville sainte, pour abolir le péché* (qui n'a point été aboli, puisqu'il existe encore) ; *pour amener la justice des siècles* (qui n'est point encore arrivée), et pour mettre le sceau à la prophétie, en oignant le *Saint des Saints.*

Alors il annonce (v. 25) qu'entre le moment où la parole a dit *qu'on s'en retournerait* (de la captivité, sans doute, quoique cela ne soit pas mentionné) *, et celui où apparaîtrait le Christ, il y aurait sept semaines et soixante-deux semaines (pourquoi ne pas dire soixante-neuf?), et qu'après ces soixante-neuf semaines, le Christ serait retranché.

Nous avons peine à croire que ces supputations de temps soient exactes. Jésus-Christ n'est pas venu certainement 483 jours après la réédification du temple et après la fin de la captivité; il n'a pas été retranché au bout de soixante-deux semaines, car il a vécu trente-trois ans. Tout cela est donc du galimatias le plus obscur, surtout venant d'un ange qui devait avoir la faculté de se bien exprimer.

Comment se fait-il encore que le mot *Christ*, qui est grec, se trouve dans un texte hébreu, à une époque où les Juifs n'avaient rien de commun avec la Grèce? Plus tard, sous la domination des Romains, les Juifs connurent la philosophie de Socrate et de Platon, et conséquemment la langue de ces deux

---

* Le texte ajoute : *Et qu'on rebâtirait le temple de Jérusalem.* Ces événements ont dû en effet se suivre de bien près et n'en faire pour ainsi dire qu'un.

philosophes ; mais cela n'existait pas du temps de Daniel.

Les chapitres VII et VIII d'Ésaïe s'expriment dans ces termes : *C'est pourquoi le Seigneur vous donnera un signe : Voici, une Vierge sera enceinte, et enfantera un fils appelé Emmanuel.* Un peu plus bas on trouve : *L'enfant nous est né, le fils nous a été donné, l'empire sera posé sur son épaule, et on appellera son nom l'Admirable,* etc.

Quoique nous soyons disposés à croire qu'il y a eu des interpolations dans les prophéties, afin de les faire cadrer avec les événements survenus plus tard, nous ne voyons pas que leurs déclarations soient bien explicites. *Un enfant naîtra d'une Vierge, on l'appellera Emmanuel, il portera l'empire sur son épaule.* Si l'on avait voulu être entendu, ou si on s'était entendu soi-même, n'y avait-il rien de mieux à dire sur la mission du Christ ? Et cet *empire* qu'il porte sur *son épaule,* l'a-t-il réellement porté ? Qu'y a-t-il de commun entre le mot *empire* et l'enseignement de la philosophie chrétienne, toute morale, toute spirituelle ? Le Christ n'a point jeté beaucoup d'éclat : il ne s'est montré que dans une contrée très-circonscrite, où l'on n'a pas même cru en lui, puisqu'on lui a donné la mort.

Il a parlé devant des gens qui avaient des yeux

pour ne *point voir*, et des oreilles pour ne *point entendre*. Les auditeurs de ses prédications ne disaient-ils pas (selon saint Mathieu, ch. XIII, v. 55 et 56) : *D'où lui viennent cette science et cette vertu? N'est-il pas fils du charpentier, et sa mère ne s'appelle-t-elle pas Marie? Ses frères ne sont-ils pas Jacques, Joses, Simon et Judes? et ses sœurs ne sont-elles pas toutes parmi nous**?

Beaucoup d'autres chapitres d'Ésaïe, tels que le 49me, le 50me, le 53me, le 55me, le 61me, le 62me et le 63me, expliquent, selon les commentateurs, non-seulement les actes et la vie du Messie, mais encore l'influence de son règne sur l'Église.

La vérité est, que le nom du Messie n'est pas même prononcé dans tous ces chapitres : il y est question une fois de l'*éternel Rédempteur*, et très-souvent de l'*Éternel*; mais ces appellations ne se rapportent qu'au Dieu des Juifs, tel que les livres de Moïse nous le dépeignent. Nous convenons qu'au chapitre XLII

---

* Il résulte clairement de ce passage, que Marie, qu'on représente dans l'Église romaine comme une vierge immaculée, comme une espèce d'abstraction, avait eu beaucoup d'enfants de saint Joseph, ce qui la fait rentrer dans la catégorie des autres femmes. Il est donc très-croyable qu'on a divinisé, pour le triomphe de la pensée morale du christianisme, son fondateur et ceux qui l'entouraient. Que deviennent alors les prophéties?

il est dit : *Voici mon serviteur, je le maintiendrai, c'est mon élu. J'ai mis mon esprit en lui : il ne criera point, il ne se haussera point et ne fera point entendre sa voix dans les rues ; il ne brisera point le roseau cassé, n'éteindra pas le lumignon, et jugera avec sévérité. Il ne se retirera point qu'il n'ait mis un règlement en la terre, et les îles s'attendront à ses lois.* Dans le chapitre XLIX, on trouve encore : *J'ai exposé mon dos à ceux qui me frappaient, mes joues à ceux qui me tiraient le poil ; je n'ai point placé mon visage en arrière des crachats.* Mais qui est-ce qui parle ce langage ? on ne le dit point. Les prophéties nous accoutument à entendre des choses si extraordinaires et si étrangement dites, qu'il n'y a guère moyen de se raccrocher à un sens positif, et de leur appliquer une conséquence logique quelconque.

D'ailleurs, Ezéchiel et Jérémie nous affirment que Jérusalem renfermait beaucoup de faux prophètes, ce qui prouve que les Juifs avaient la manie de prophétiser. Jérémie fait dire à ses compatriotes : *Machinons un complot contre Jérémie, et ne soyons attentifs à aucun de ses discours.* (Ch. XVIII.) Ces mauvaises dispositions du peuple compromettent le prophète et le font emprisonner. *On lui reproche d'avoir osé prophétiser au nom de l'Eternel.* Ainsi parlaient les sacrificateurs et les autres pro-

phètes. Deux hommes de guerre, Hazaria et Joha-
nan, accusent Jérémie d'avoir proféré des mensonges *. (Ch. XLIII.)

Au milieu de ces opinions contradictoires, comment
trouver la vérité, quand elle se cache de son mieux et
semble vouloir rester inconnue ? N'est-il pas probable que chacun se fait illusion sur son compte, et
se croit de bonne foi l'élu et le favori de Dieu ? On
trouverait cela chez des peuples beaucoup moins fanatiques que les Juifs.

La raison ne peut donc rien admettre de ce qui a
été cité comme se rattachant à l'avenir ; et le scepticisme le plus complet est la seule disposition d'esprit
qu'on puisse éprouver quand on est parvenu à lire
les prophéties. Le mieux est de ne pas s'en occuper.

Nous ne terminerons pas sans faire une remarque
autorisée par ces paroles du prophète (ch. II, v. 34) :

* Si Jérémie a eu si peu de crédit de son vivant, que les
hommes les plus éclairés et les plus intéressés à croire en lui
l'aient traité comme un imposteur, c'est qu'il n'avait pas le don
de convaincre. Comment nous convaincrait-il aujourd'hui, que
nous ne pouvons pas le comprendre ? Comment ne pas le confondre avec les faux prophètes dont il parle, s'il manque de
clarté autant qu'eux, et s'il ne laisse rien dans notre esprit ?

Ce que nous disons de Jérémie peut s'appliquer à tous les
autres prophètes. Je défie un homme de bon sens et de bonne
foi de dire qu'il a été instruit et convaincu par eux.

Même dans le pan de ta robe a été trouvé le sang des âmes des pauvres innocents.

Les Juifs, comme nous l'avons déjà dit, n'ont connu que fort tard l'immortalité de l'âme, puisque du temps de Jérémie on disait encore : *le sang des âmes.* Ce qui prouve qu'on ne faisait aucune différence entre le corps et l'esprit, c'est la confusion qui règne dans les termes. Un patriarche ne faisait aucune difficulté de s'exprimer ainsi : *Fais telle chose ou telle chose, afin que ton âme vive.* Ils croyaient donc que l'âme pouvait mourir. Moïse, lui-même, n'était pas plus avancé, malgré ses fréquentes communications avec Dieu. Nous l'avons déjà observé, il prescrit, au chapitre XII du Deutéronome, v. 25, *de ne point manger de sang, car,* dit-il, *le sang est l'âme; et tu ne mangeras point l'âme avec la chair.*

Nous n'avons plus qu'un mot à ajouter : il semble donner le coup de grâce aux prophéties, en démontrant qu'elles sont une œuvre sans valeur; le voici : Ézéchiel assure que *Dieu a créé le ciel et aplani la terre.* Est-ce qu'Ézéchiel savait assez peu de physique pour croire la terre plate? C'était une erreur fort commune de son temps; mais ce n'est pas la peine d'être inspiré, pour ne savoir que ce que les autres savent ; surtout lorsque cela est contraire à la vérité. La terre n'est ni plate ni unie ; elle est pleine d'aspérités et ronde. Dieu, qui sait cela, et bien autre chose, sans doute, aurait redressé les idées absurdes du prophète, s'il avait jugé nécessaire d'entrer en communication avec lui*.

* Dieu nous a donné la raison pour nous servir de guide, et les hommes ne veulent pas que nous nous servions de cette raison! Ils lui ordonnent de se taire, de se soumettre; ils lui interdisent l'examen, qui est sa faculté constitutive; en un mot, ils anéantissent l'œuvre de Dieu.

Et dans quel but? Dans un but de domination : pour être les maîtres des masses. Mais l'esprit n'est jamais tellement éteint qu'il ne finisse par s'apercevoir de ces manœuvres intéressées ; et alors la raison reprend son empire. Ce que nous disons ici s'est montré dans tous les temps et dans tous les lieux, avec quelques nuances différentes.

Dites à un chrétien qu'il faut qu'il croie aux livres des sibylles, il vous rira au nez, et il croira aux livres des prophètes qui ne sont que ténèbres, et auxquels on est obligé de prêter un sens, pour qu'ils en aient un.

L'avantage de ces livres cabalistiques c'est que, comme ils ne disent rien, l'interprétation leur fait dire tout ce qu'elle veut : ils annonceraient aussi clairement la venue de Bonaparte que celle de Jésus-Christ. Ce vague, dans lequel se plaisent tant les jongleurs, ne vaut que bien peu de chose pour la bonne foi. Il a été admis dans des vues entièrement opposées à celles du développement intellectuel et du progrès de l'ordre social. C'est un des premiers liens dont la raison doit chercher à s'échapper, sous peine de rester stationnaire et de n'être qu'un germe improductif, échappé de la main de Dieu.

CHAPITRE X.

Comparaison de la Bible et de la Fable.

Est-ce par un effet du hasard ; est-ce le résultat de la volonté de l'homme, guidée par un esprit d'imitation ; l'histoire des Juifs a des points de contact avec l'histoire des Grecs, qu'il est convenu d'appeler la fable : il ne faut que des notions très-légères de l'une et de l'autre pour s'en assurer. Peut-être cela tient-il à ce que les mœurs des temps héroïques étaient les mêmes en tout pays. Quoi qu'il en soit, et sans y attacher une grande importance, nous allons signaler quelques faits qui appuient la remarque que nous venons de faire.

La fable nous peint ses dieux sous des couleurs tout à fait humaines : elle leur a donné les goûts, les passions, et même les besoins de l'humanité ; aussi sont-ils presque toujours en communication avec la terre. L'amour, surtout, les rapproche souvent de notre espèce. Apollon, chassé du ciel, se fait pasteur et puis va bâtir les murs de Troie avec Neptune; Jupiter poursuit de son amour Léda, Alcmène, Europe, etc.; Diane, la chaste Diane, de même que l'auguste Junon, aiment Endymion, berger de Carie; Vénus aime Anchyse, Adonis, etc., etc.; Thétys aime Pellée. Lorsque les héros d'Homère sont dans un danger pressant, ils invoquent le grand Jupiter qui leur répond par un coup de tonnerre; Mars, Apollon, et même les déesses, se jettent dans la mêlée pour secourir leurs protégés, se rendent visibles pour eux seuls, et les encouragent de la parole.

Nous n'avons pas besoin de répéter ce que nous avons dit du Dieu d'Israël et de ses relations avec la terre : elles sont d'une nature bien plus chaste, à la vérité ; mais on ne peut en contester la fréquence. Voilà donc un point de contact entre la fable et l'histoire sacrée.

L'idée du déluge leur est encore commune, quoique le nom d'Ogygès ou de Deucalion diffère de celui de Noé. Jéricho tombant au son de la trompette, et Thèbes qui s'élève au son de la flûte, offrent des idées correspondantes, sans être tout à fait synonymiques. L'aventure de Loth avec les anges ressemble à celle de Philémon et Baucis *, dans sa moralité

* Recevant Jupiter et Mercure.

et dans ses résultats (la perte d'une population corrompue). La femme de Loth, changée en statue de
sel, est une transformation, comme celle de Daphné,
d'Hyacinte, etc.; Samson ressemble à Hercule, la
fille de Jepthé au fils d'Idoménée, Myrrha aux filles
de Loth et à Thamar.

De part et d'autre se montrent également des
faits surnaturels, des passions criminelles, de la su-
perstition, du fanatisme; avec cette différence, que
tout chez les Hébreux porte le caractère de la brutalité la plus grossière, tandis que chez les Grecs,
les mêmes actes sont ennoblis par la passion et en-
tourés de palliatifs pleins de grâces.

Personne, assurément, n'aura la fantaisie de
comparer, quant à la fraîcheur de l'imagination et
à la délicatesse des détails, l'histoire d'une nymphe* se dérobant, par la fuite, à l'amour d'un dieu
admirablement beau, avec celle d'une femme curieuse
transformée en statue de sel, qui conserve une
des plus dégoûtantes infirmités de l'espèce humaine.
Et Myrrha, Myrrha, entraînée par une ardeur cri-
minelle, n'a-t-elle pas pour excuse un amour in-
vincible, une passion des plus effrénées! Elle agit
donc sans discernement, vaincue par une force qui

* Daphné changée en laurier

brise sa volonté ; aussi est-on tenté de la plaindre. En peut-on dire autant des analogues qui se trouvent dans l'Écriture sainte ?

Ainsi, nous n'hésitons pas de l'affirmer, la Fable et la Bible ont des ressemblances incontestables qui prouvent, si elles n'ont pas été calquées l'une sur l'autre, que les faiblesses de l'humanité sont les mêmes dans tous les temps et dans tous les pays ; mais la supériorité reste à la fable, pour la manière dont ces faiblesses sont représentées.

Il est impossible de ne pas s'apercevoir que dans l'une et l'autre théogonie, les prêtres sont des bouchers dont les mains baignent continuellement dans le sang ; une seule occupation semble les absorber, celle de tuer et de vivre de leur tuerie. Néanmoins, quoique sous l'influence d'une habitude commune, il y a autant de différence entre les prêtres grecs et les prêtres juifs, qu'entre les deux nations auxquelles ils appartiennent.

CHAPITRE XI.

Danger de la lecture de la Bible à cause de la quantité de faits immoraux qui s'y rencontrent.

Dès l'origine de l'histoire, appelée *sainte*, Dieu, qui s'est d'abord applaudi dans son ouvrage (voyez les termes employés dans la Genèse, au moment où elle rend compte de la création), ne tarde point à reconnaître qu'il s'est trompé ; et sa détermination de perdre la race humaine se manifeste par le déluge. Nous ne reparlerons pas du meurtre de Caïn et des odieuses dispositions de sa race : les enfants de Noé, que Dieu épargne, ne s'améliorent guère, puisque dans un très-court espace de temps nous retrouvons devant nous les mœurs de Sodome et de Gomorrhe. On a vu partout des mœurs plus ou moins dépravées ; et les goûts contre nature ont été connus des Grecs et des Romains ; mais nulle part on ne trouve un cynisme général, pareil à celui des habitants de Sodome et de Guibha. Ces populations effrontées, sans aucune idée du sentiment qu'on nomme *pudeur,* se livrent à leur brutalité et à leurs vices.

Les filles de Loth, aussi naïvement éhontées, enivrent leur vieux père et commettent un inceste, sans aucune nécessité*, car le prétexte qu'elles donnent est absurde. Thamar**, veuve peu patiente, et

---

* Voici comment la Genèse (ch. IX, v. 31 et suivants) raconte l'histoire des filles de Loth : « Et l'aînée dit à la plus jeune : « Notre père est vieux, il n'y a personne sur la terre *pour* « *venir vers nous,* donnons du vin à notre père et couchons « avec lui, etc. » Si l'on veut bien faire attention que Loth était le neveu d'Abraham, que conséquemment ses filles étaient au deuxième degré les cousines de Jacob, on reconnaîtra tout de suite qu'il n'était pas besoin d'un inceste pour repeupler la terre, laquelle n'était nullement déserte. L'Égypte avait déjà vu la ruine de Thèbes, aux cent portes, et elle obéissait alors aux Pharaons de Memphis. Il se peut que dans le désert où était Loth il n'y eût pas d'autre homme que lui pour le moment ; mais il y en avait ailleurs, et il ne fallait que se déplacer ou attendre. Les filles de Loth mentaient donc en essayant de couvrir leurs appétits d'un prétexte ! Cependant la Genèse ne flétrit point leur conduite : elle se contente de dire que l'aînée enfanta Moab, père des Moabites ; et la plus jeune, Ben-Hammi, *père des enfants d'Hammon.* Je cite le texte.

** Thamar n'y met pas plus de cérémonie. Elle se vend sur un carrefour, pour un chevreau, à son beau-père Juda. Cette Thamar se trouve dans la généalogie du Christ.

aux appétits charnels, se prostitue à un autre vieillard, pour lui donner une leçon et lui rappeler un devoir qui serait un crime, d'après les idées de la civilisation actuelle. Jacob ment à son père dans un intérêt personnel, dépouille son frère et subtilise Laban, le père de ses deux femmes, en lui enlevant les plus beaux produits de ses bergeries. Nous ne répéterons pas ce que nous avons dit de David et de Salomon, à propos du meurtre d'Adonija et de celui d'Urie, mais nous devons ajouter que l'inceste et le fratricide se trouvent encore au milieu de leur famille, en la personne d'Amnon, qui viole une de ses sœurs, et d'Absalon, qui la venge, avant de se montrer fils et sujet rebelle.

Ainsi la Bible se trouve pleine d'actes immoraux, racontés et point blâmés par des personnes qu'on a l'habitude d'entourer d'un certain respect. Qui s'est avisé de dire que Jacob était un fripon? que Salomon et David ne pouvaient nullement prétendre à la sainteté; que les filles de Loth ainsi que Thamar étaient des créatures ignobles, tout enfoncées dans les sensations de la matière? Pour une histoire morale comme celle de Ruth, ou philosophique telle que celle de Job, la Bible vous offre cent tableaux de férocités de tous les genres et de crimes de toutes les natures. Dissensions dans l'État, dissensions dans les familles, meurtres, rapines, viol ; quels tableaux à mettre sous les yeux de la jeunesse, pour lui former le cœur et l'esprit !

C'est une étrange manie que celle d'entretenir les personnes qu'on veut moraliser, d'exemples immoraux, sanctifiés en quelque sorte par le relief donné à ceux qui les commettent *. N'a-t-on pas à craindre

---

* Les mœurs des Hébreux étaient bien corrompues, puisqu'elles ont nécessité les dispositions des lois de Moïse, renfermées dans le Lévitique. Un législateur ne s'avise guère de prévoir ou de punir des crimes qui n'ont jamais existé : ainsi il demeure constant que les accouplements monstrueux des hommes et des bêtes étaient alors fort communs. Ce goût, dit-on, provenait de la fréquentation avec les Égyptiens, et du séjour des Hébreux sur les bords du Nil. Quoi qu'il en soit, le Lévitique, au chapitre XVIII, v. 3, 22 et 23, nous apprend que les femmes juives forniquaient avec les boucs, et les hommes avec les chèvres ; qu'ils avaient conservé les traditions de Sodome, et qu'ils ne respectaient pas toujours les liens du sang et la chasteté qui doit régner dans les familles.

Toutes ces turpitudes, exprimées sans aucun ménagement, ne sont propres qu'à salir l'imagination des jeunes gens, et à leur enseigner ce qu'ils ne devraient pas savoir. Elles ont donc une action corruptrice plutôt que morale. Les traducteurs modernes l'ont si bien senti, qu'aucun n'a osé rendre l'expression cynique de l'original. Il n'y a qu'à lire le *Cantique des Cantiques*, la soi-disant allégorie d'*Olla* et d'*Olibha*, et les chapitres du Lévitique, cités précédemment, pour en avoir la certitude.

Or, un livre dont on rougirait de transmettre les expressions et qui est encore indécent, malgré les précautions prises pour

qu'elles ne veuillent faire comme Jacob, comme les filles de Loth, comme Thamar, comme Abimélec, comme David, comme Amnon, comme Salomon? Hélas! la jeunesse se passionne et imite : on ne doit donc offrir à ses yeux que des tableaux non excitants, et qui lui enseignent clairement le bien.

en purifier les souillures, ne peut avoir rien de commun avec la Divinité. C'est un livre terrestre, grossièrement terrestre; il faut le cacher et ne pas en faire le piédestal d'une œuvre morale, telle que s'est montré le christianisme. La Bible est jugée par la seule nécessité où se sont trouvés les traducteurs d'en altérer le sens.

CHAPITRE XII.

Résumé de ce qui précède.

Il nous semble que nous avons fait justice d'une erreur qui dure depuis bien des siècles. La Bible n'est point une histoire sainte, c'est l'histoire de la nation juive, avec tout son cortége de croyances superstitieuses, d'absurdités de toute nature, racontées par l'ignorance naïve des temps primitifs.

Que les Juifs aient voulu être le peuple de Dieu, qu'ils l'aient cru de bonne foi, nous n'en faisons aucun doute; mais qu'ils l'aient été en réalité, nous n'en croyons rien. Nul peuple n'a été moins estimé que les Juifs, et n'a eu une valeur morale plus contestée. Ils sont restés attachés à l'idée de l'unité de Dieu, sans se préserver de l'idolâtrie; ils ne se sont jamais mêlés à aucun peuple, parce qu'ils se croyaient au-dessus des autres peuples : ils ont été un type isolé dans la civilisation.

Certainement, cet isolement n'a pas été sans danger, et il a produit de fâcheuses conséquences. On lui doit les affreux massacres dont fut couverte la terre promise, et, plus tard, les différentes captivités qui affligèrent le peuple juif. En effet, comme il s'était montré ennemi implacable envers tous ses voisins, il ne pouvait espérer, au moment du danger, de faire alliance avec personne ; aussi se trouva-t-il seul aux prises avec les rois de Ninive et de Babylone, quand ils descendirent vers Tyr, et s'emparèrent de l'Asie-Mineure.

Pour faire cadrer l'état d'abjection dans lequel les Juifs ont été maintenus, avec les promesses de Dieu et sa protection démentie, les prophètes n'eurent pas beaucoup de peine à trouver de grandes iniquités dans Israël ; c'était véritablement un peuple très-inique. La ville sainte fut donc prise et reprise, et cela, sans changer le moins du monde les convictions des Hébreux. Il est vrai qu'ils se rachetèrent de la captivité, et que leur temple fut rebâti * ; mais leur nationalité ne put reprendre aucune consis-

---

* Le temple fut rebâti en partie ; mais les plus grandes maisons juives étant restées à l'étranger, la populace qui rentra à Jérusalem se trouva trop pauvre pour terminer un aussi grand ouvrage.

tance, et ils finirent par s'engloutir dans l'empire romain.

C'est à l'état de province romaine que la venue du Christ les a trouvés : il ne faut tenir aucun compte de l'apparence de liberté dont ils jouissaient à cette époque, ni de leur prétention à être gouvernés par des rois ; car au moindre mouvement insurrectionnel qu'ils osaient se permettre, le châtiment ne se faisait pas attendre ; et leurs principules étaient souvent mis en croix.

Dépourvus de toute philosophie jusqu'au moment de la fondation d'Alexandrie, ils n'en comprirent pas moins l'excellence de la situation de cette ville, sous le point de vue commercial ; et ils allèrent s'y livrer à cet esprit de courtage et de négoce, qui les a toujours caractérisés. C'est alors qu'ils purent avoir connaissance de la belle langue de Socrate et de Platon, la ville d'Alexandrie étant presque toute grecque.

On ne peut trouver que dans un fait pareil, l'explication des idées platoniciennes introduites dans le christianisme. Ce mélange est tellement avéré, que les Pères de l'Église l'ont reconnu, au point qu'un de leurs docteurs les plus distingués, confondant le maître et l'élève, dans un moment d'extase bien justifiée, s'écriait : *Saint Socrate, priez pour nous!*

On a voulu tirer de la dispersion des Juifs, prédite par les prophètes, un argument en faveur du christianisme : mais est-il certain que cette dispersion, d'abord obligée, ne soit pas aujourd'hui volontaire? Le sol pierreux, stérile, dénudé, de la Judée, peut-il avoir une grande valeur aux yeux de gens établis en France, en Allemagne, en Espagne, en Portugal? Leur dissémination n'est-elle pas avantageuse à leurs habitudes de commerce? et ne les met-elle pas en possession de points importants pour leur correspondance? Si quelques-uns d'entre eux, qui possèdent des fortunes immenses, voulaient ravoir la Palestine, qui les empêcherait de l'acheter du Grand Seigneur? L'ont-ils essayé? pas le moins du monde : c'est que tel n'est pas leur véritable intérêt.

D'ailleurs, si les Juifs se regardent comme une unité, quand ils se comparent aux autres nations, ils se souviennent que, dans leur intérieur, ils ont toujours été divisés en tribus. Cette organisation, tout arabe, en décelant leur origine, a occasionné autrefois des querelles, et empêché que la cohésion pût jamais être bien complète. Il y avait donc entre eux des lignes de séparation très-réelles. Eh bien, la dispersion rend la séparation un peu plus marquée : voilà tout.

Nous allons laisser définitivement l'histoire du peuple juif, sur laquelle il nous resterait peu de chose à dire, mais nous en revenons à nos conclusions, savoir : que cette histoire n'est rien moins que sainte, et que ce n'était point la peine d'enter une régénération nouvelle sur un tronc aussi vermoulu.

CHAPITRE XIII.

De l'Homme, comme création.

Nous l'avons déjà vu, l'homme peut être considéré sous plusieurs points de vue : il est important de l'étudier sous toutes ses faces, parce que de cette étude doit résulter le redressement de beaucoup d'erreurs.

Une des grandes prétentions de l'espèce humaine est d'avoir été créée à l'image de Dieu : mais, d'abord, cette prétention a besoin d'être précisée. Est-ce sous le rapport de l'intelligence? est-ce sous le rapport physique? Certainement la question n'est pas plus facile à résoudre d'une façon que de l'autre. Qu'est-ce que l'intelligence de l'homme? nous en voyons les résultats sans en connaître le principe. Quelqu'un peut-il affirmer qu'il a des certitudes sur ce que nous appelons *âme*? Il n'y a que des probabilités : Socrate lui-même l'avoue, quoiqu'il ait été celui des philosophes anciens qui ait le plus insisté sur notre double nature.

Est-ce sous le rapport physique, ou pour mieux dire sous le rapport de la forme, que nous sommes faits à l'image de Dieu? Mais alors on matérialise la Divinité : suppose-t-on qu'elle ait un nez, des yeux, une bouche* ? Toujours des suppositions! c'est-à-dire rien, sur des choses au-dessus de notre portée. Eh ! pourquoi vouloir imaginer lorsque nous sommes dans le doute! N'est-il pas extrêmement probable que Dieu n'est qu'un pur esprit? C'est donc l'homme qui a fait Dieu à son image, bien plutôt qu'il n'a été fait à l'image de Dieu.

En nous débarrassant des fumées de la vanité, malheureusement beaucoup trop enivrantes, nous rétablirions l'homme dans la position qui lui appartient, c'est-à-dire que nous le reconnaîtrions pour le plus parfait des animaux. Ne subit-il pas, comme eux, tous les phénomènes de l'alimentation? n'a-t-il pas un commencement, une fin, des infirmités inséparables de la matière? Il naît, il vit, il meurt, comme les animaux ; il a les mêmes appétits, les

---

* Nous pouvions aller beaucoup plus loin et demander aux faiseurs d'hypothèses s'ils pensent que Dieu ait un rectum, etc., etc. Cependant, c'est ce qu'il faudrait pour achever la ressemblance.

mêmes besoins : il est donc beaucoup mieux démontré qu'il se rapproche de la brute (à laquelle il est
souvent inférieur par la force et par la finesse des
sens) que de la Divinité.

Quoi qu'il en soit, l'homme est tout entier dans
son intelligence : le reste ne vaut pas la peine d'être
considéré ; et cependant cette intelligence elle-même
trouve à chaque instant des limites qu'il lui est impossible de franchir. Qu'il cherche donc à se connaître. Son mérite le plus réel est de pouvoir se
perfectionner ; et le moyen de perfectionnement le
plus puissant est d'avoir pu rendre stable la pensée.
Le principe de l'intelligence est aussi dans les animaux ; mais ils n'ont aucun moyen de le développer
et d'en transmettre les résultats.

On ne saurait nier que partout où il y a un raisonnement, il n'y ait une intelligence : or, les animaux raisonnent. Le chien, à qui on donne du pain
quand il n'a pas faim, ne manque pas de l'enterrer :
il comprend que cette nourriture pourra lui être
utile plus tard, et il la met à l'abri des autres chiens.
Certainement ce raisonnement est aussi complet que
possible. Que manque-t-il donc au chien ? de pouvoir faire une longue suite de raisonnements.

Cette faculté ne s'est développée dans l'homme
qu'avec le temps : si elle a été poussée fort loin, c'est

que l'homme a vécu en société, et qu'il sait écrire ;
c'est qu'il possède des mains, avec lesquelles il recti-
fie ce que ses sens ont d'imparfait. Nous ne voulons
pas confondre la destinée de l'homme avec celle des
animaux : mais ce qui nous détache de la chaîne des
êtres à laquelle nous semblons tenir par un bout,
c'est notre développement moral.

L'homme a besoin de l'état social pour devenir ce
qu'il doit être : il est dans sa nature de progresser ;
il est donc de la plus haute importance de cultiver
ses facultés et de le rattacher par des convictions
profondes à tous les devoirs de l'état social.

CHAPITRE XIV.

De son Immortalité supposée.

Un des grands principes de la nature c'est que tout ce qui commence doit avoir une fin : l'une est la conséquence nécessaire de l'autre.

D'après cette vérité incontestable, comment a-t-on pu penser que l'homme avait été créé immortel ? Examinons un peu les fondements de cette croyance.

A moins de supposer que le créateur n'a d'abord voulu donner la vie qu'à un seul individu de notre espèce, ce qui est contredit par la faculté d'engendrer, l'immortalité primitive de l'homme ne saurait être acceptée.

Le phénomène de la conception prouve que l'homme provient presque de rien : c'est un peu de matière qui renferme un principe de vie, principe sur lequel la science ne possède aucun bon renseignement, et dont elle sait seulement qu'il existe.

Autour d'un point fixe et déterminé se forme une agglomération de matière soumise à un accroissement régulier, qui se prolonge, après la naissance, jusques au moment où l'individu est complétement développé. Alors commence un mouvement en sens contraire, un peu plus lent que le premier, mais dont le terme inévitable est la destruction. Telles sont les phases suivies par la vie humaine : elles sont enchaînées fatalement l'une à l'autre, comme l'effet à la cause, sans qu'il soit possible de leur supposer une autre destination.

S'il a pu y avoir en nous quelque chose d'immortel, ce ne peut être que l'esprit ; et cela ne paraît pas avoir changé depuis la création. Ainsi, quoi qu'on en puisse dire, l'homme n'a jamais été que tel qu'il est. Pourquoi le présenter comme un être déchu? Il n'y a que l'orgueil qui s'accommode d'une pareille prétention ; et l'orgueil n'a pas besoin d'être exalté par des mensonges.

Contentons-nous donc de notre destinée telle qu'elle est, et tâchons de ne pas lui mentir, en nous dégradant par des imperfections et des vices.

CHAPITRE XV.

Comparaison de Socrate et de Jésus-Christ.

Entre Jésus-Christ et Socrate il y a cela de commun, qu'ils ont voulu, l'un et l'autre, le perfectionnement moral de l'homme, et qu'ils l'ont cherché en faisant la guerre à l'erreur ainsi qu'au mensonge, en tâchant de mettre en lumière la vérité.

Socrate a démontré ce qu'il y avait d'absurde dans le polythéisme : il a ramené les idées de son siècle vers l'unité de Dieu, la croyance de l'immortalité de l'âme, et la nécessité de pratiquer la vertu.

Pour Socrate, le mot *vertu* avait à peu près la signification que nous lui donnons : c'était d'abord, en première ligne, l'amour du pays, qu'il exaltait assez pour le rendre capable de toute sorte de dévouements ; puis la sévère observation de la justice. Le but de son enseignement était de développer la force morale dans cette faculté de l'âme appelée *volonté*. Il pensait que la folie des hommes est aussi variée que leurs maladies corporelles ; ce qui, quelquefois, fait passer pour sains d'esprit ceux qui ne le sont pas. Il ajoutait que s'il paraissait un peu plus sage que beaucoup d'autres de ses contemporains, c'est qu'il ne croyait pas tout savoir, et qu'il ne lui en coûtait nullement de convenir de son ignorance.

Socrate, dans son dialogue intitulé *Les Rivaux*, prouve que la philosophie n'est pas la science universelle : il remarque que dans chaque partie des connaissances humaines, il y aura toujours une spécialité qui en saura plus que celui qui veut tout embrasser : alors il en résulterait que la philosophie, étant en seconde ligne sur tous les points, ne serait réellement pas utile ; mais il fait entendre que la vraie philosophie est la connaissance de soi et des autres, ce qui diffère de la science proprement dite, ou de l'instruction. Il en conclut qu'on peut être très-savant, et n'être point philosophe ; et que la philosophie est la connaissance pratique de la sagesse.

Cette sage argumentation suffit pour caractériser le genre d'enseignement qu'affectionnait Socrate. On voit que les idées religieuses n'y dominaient point : sa mission n'avait pas pour but le ciel, mais bien la terre : il voulait faire, avant tout, de bons citoyens. Aussi, quand il fut condamné, à une majorité de trente voix, et qu'il vit se réaliser un sort prévu, ne dit-il que ces paroles pleines de sang-froid et de conviction : « Je suis donc condamné à « mort par votre ordre! mais ceux qui m'ont jugé « vont être voués à l'infamie, par ordre de la vé-« rité. »

« Il ne peut y avoir aucun mal pour le juste, ni « pendant sa vie ni après sa mort. »

Tant de simplicité et de raison décèlent une âme maîtresse d'elle-même, qui a tout calculé et qui ne s'étonne de rien. C'est un homme dévoué au bien public, déterminé à faire le sacrifice de sa personne; car il connaît la portée de son œuvre, et les dispositions actuelles de ceux à qui il s'est adressé. Mais il est certain que sa mort produira une révolution morale, et il se comporte devant ses juges comme devant les Lacédémoniens, quand il couvrait de son corps la retraite de l'armée athénienne, et qu'il enlevait Alcibiade blessé, au milieu des ennemis.

Jésus a moins d'énergie que Socrate. Né chez une nation qui a mêlé les idées religieuses partout, même dans les combinaisons de la plus odieuse politique, il attache des idées religieuses à son enseignement moral. Homme de l'Orient, c'est-à-dire homme d'imagination et de poésie, son style est symbolique et plein de grandes images qui frappent l'esprit plus que la raison. Forcé de s'exprimer comme un juif, devant des Juifs, il faut d'abord qu'il obéisse à des convenances de localité, et qu'il se conforme au goût de sa nation. C'est ainsi qu'il s'entoure ou cherche à s'entourer de prestiges. Quoiqu'il s'appelle lui-même, toujours, *fils de l'homme*, il parle, non pas au nom de la philosophie ou de la morale, mais au nom de son père, *qui est dans les cieux*. Ce qu'il enseigne ne vient pas de la raison humaine, mais de la raison divine.

Jésus-Christ veut faire des hommes justes et bien-faisants, mais c'est moins par la conviction que par la foi ; et voilà la cause qui l'oblige à parler en envoyé de Dieu. Cette précaution n'a pas empêché que le proverbe : *Nul n'est prophète dans son pays,* ne fût créé pour lui, et qu'il n'ait été accueilli par des murmures et une grande incrédulité, lors de ses premières prédications. Ce que nous avançons ici ne peut être matière à controverse, car cela se trouve tout au long dans saint Mathieu, chap. XIII. (Nous avons cité les paroles textuelles de l'évangé-liste dans le chapitre IX du présent ouvrage, 2me partie.)

Autant il y a de différence entre la Grèce libre et la Judée esclave et fanatique, autant il doit y en avoir dans l'enseignement de Socrate et celui du Christ. Mais le fond est resté le même, car le but était commun : c'est donc la forme qui a varié, et rien de plus.

En comparant les deux philosophies on trouvera, sans doute, que l'une a été plus intellectuelle, et l'autre plus pratique ; mais c'est là que se montre le cachet de ceux qui les ont enseignées. L'un, étant arrivé longtemps après l'autre, a dû profiter de la fermentation intellectuelle des esprits, durant la période qui les a séparés. Ne devait-il pas aussi poser sur son œuvre l'empreinte particulière de son génie ?

Il est maintenant hors de doute que la philosophie de Platon, transmise par les Juifs d'Alexandrie, ville toute grecque, a été transportée dans la Judée et que parmi les évangélistes, historiens de Jésus, il y en avait un [*], grec de nation et médecin ; ce qui suppose qu'il avait quelques connaissances des lettres. Ainsi, l'imputation faite au christianisme de continuer beaucoup d'idées de Platon (élève de Socrate) est et demeure suffisamment justifiée.

Nous aurons plus d'une occasion d'ajouter aux preuves qui constatent ce fait, et nous en tirerons

[*] S. Luc.

les conséquences nécessaires aux besoins de la cause que nous avons embrassée : il nous suffit maintenant d'avoir signalé les rapports et les dissemblances qui existent entre les deux chefs de la philosophie. A part la divinisation de l'un des deux, admise et passée en croyance pour une partie de la terre, nous avons pensé qu'un rapprochement pouvait être utile.

Il nous est impossible de ne pas signaler, dans Jésus-Christ, la nullité de sa défense devant Pilate. Sans décliner l'autorité de son juge, à cette demande, qui lui est adressée : *Es-tu le roi des Juifs?* il se contente de répondre : *Tu le dis* : ce qui est ne pas répondre du tout. Au moment où sa fin approche, Jésus dit à Pierre et aux deux fils de Zébédée : « Mon âme est saisie de tristesse : demeurez ici, et « veillez avec moi (ch. XXVI). Et puis il se pros- « terna le visage contre terre, en disant : *Mon* « *père, s'il est possible, fais que cette coupe passe loin* « *de moi!* » Ne reconnaît-on pas là les angoisses d'une grande souffrance morale, et des appréhensions de la mort? Sous ce rapport, Socrate est bien plus sûr de lui-même; car il refuse de ses disciples, ce que le Christ demande à son père. Socrate peut se sauver et ne le fait point, par un pur sentiment de dignité.

Mais le Christ, plein de douceur, avait une constitution physique délicate, qui le rendait fragile, et dont la seule force morale pouvait surmonter les inclinations; tandis que Socrate jouissait de tout ce qui fait un homme fort. Nous n'induisons rien contre le Christ de cette remarque, nous ne faisons que constater, afin de remplir le titre de ce chapitre. Le plus important pour nous n'est pas de nous appesantir sur la valeur personnelle des individus, mais bien sur le mérite des doctrines.

CHAPITRE XVI.

La philosophie de Socrate aurait-elle gagné à ce que son auteur eût été considéré comme un Dieu?

RIEN ne peut changer la nature de la vérité, soit qu'elle s'exprime par une voix venue du ciel, soit qu'elle s'exprime par une voix venue de la terre. C'est que sa valeur est en elle-même, et non dans ses accessoires. Qu'importe que la maxime : *Soyez juste*, soit tracée en lettres d'or sur un magnifique vélin, ou qu'elle soit écrite sur le sable avec une baguette de saule? elle n'en est ni plus ni moins une prescription irréfutable de la sagesse.

Je n'ai pas besoin de savoir si c'est Dieu ou les hommes qui nous ont appris que les trois angles d'un triangle équivalent à deux angles droits : la chose est certaine, et cela me suffit. J'en pourrais dire autant des vérités morales.

Socrate a enseigné aux hommes des choses d'au-

tant plus admirables, qu'elles n'avaient pas d'anté-
cédents. Je peux voir dans ces doctrines la preuve
d'une grande supériorité de raison, d'une grande
sublimité de génie ; je peux y voir encore une émanation de l'esprit divin, l'auteur ou l'inspirateur de
tout ce qui est bon ; mais je ne saurais néanmoins
faire un Dieu de sa personne, puisqu'elle a subi
toutes les phases de l'humanité, la naissance, la
mort ; et que, d'ailleurs, lui-même ne veut être
qu'un homme.

Cependant, si sa philosophie, comme on ne peut
en douter, est la plus haute expression de la raison,
il m'est impossible de trouver mieux ; alors je prends
ses leçons, comme il nous les présente lui-même :
j'adopte son monothéisme, qui lui a coûté la vie ;
ses idées sur l'immortalité de l'âme, ses vertus civiques et privées ; l'admirable empire qu'il exerçait
sur ses passions ; et je demeure convaincu qu'aucun
enseignement ne me rendra meilleur que celui-là.

Qu'eût donc produit la divinisation de Socrate?
Son action sur les hommes eût-elle été plus puissante? non : il y aurait eu un mensonge de plus
dans le monde, avec ses suites naturelles, qui sont
le doute, et puis le discrédit. Cette position équivo-
que ne pouvait nullement convenir au martyr de la
vérité : il l'a soigneusement évitée. comme une

grande faute. Gloire donc à l'homme, qu'aucun intérêt de vanité n'a pu séduire ; qui a placé son foyer
de lumière sur la terre et non dans le ciel, parce
qu'il était destiné à éclairer la terre ; et qui n'a désiré que le repos de la conscience, joint au bonheur
d'être utile à l'humanité !

CHAPITRE XVII.

Le Christianisme aurait-il perdu à ce que Jésus-Christ fût considéré comme homme ?

Entre la question résolue dans le chapitre précédent et celle que nous allons traiter dans celui-ci, il y a cette différence, que la première n'a qu'un seul aspect, celui de la philosophie ; et que l'autre en a deux, l'aspect philosophique et l'aspect religieux. Jésus-Christ a fondé une religion, dont il a été considéré comme le Dieu : nous aurons à examiner si cette fusion de deux principes a été favorable à l'enseignement moral, qu'il a eu mission de nous donner [*].

[*] Celui qui attaque des choses réputées saintes doit bien prendre garde à lui, car il a nécessairement affaire à la mauvaise foi, à l'intérêt personnel, et au fanatisme ; trois ennemis qui n'y vont pas de main-morte et qui sont sans justice aussi bien que sans pitié. Aussi doit-on les accabler avec des citations bien exactes et des faits, comme nous n'avons pas manqué de

Nous commençons par reconnaître la puissance morale et civilisatrice du christianisme. Nulle part, les maximes qui régissent les sociétés n'ont été ni

le faire. Sans cette précaution on doit s'attendre à être accusé de mauvais vouloir et d'imposture.

Telle était la position de Voltaire quand il a commencé l'œuvre que nous avons continuée, dans un but qui n'est pourtant pas tout à fait le sien. Plein de respect pour le sentiment religieux, si naturel au cœur de l'homme, loin de nous la pensée de l'atténuer ou de le rendre ridicule; nous croyons seulement qu'on l'a égaré et nous désirons qu'il se remette dans la bonne route. D'après nous, la vérité n'est point où les passions de l'homme l'ont placée; et le devoir de toute créature humaine est de la chercher.

Si la philosophie du 18e siècle est allée loin, si elle a frappé fort, c'est qu'elle avait de grands obstacles à renverser. Aujourd'hui les esprits sont préparés et le raisonnement convient mieux que le sarcasme. On ose porter le scalpel de l'analyse dans les questions les plus ardues, on étudie froidement, sans prévention, en détail; on prononcera avec connaissance de cause, car on sait très-bien qu'il s'agit d'un grand intérêt social.

M. de Châteaubriand, dans un livre admirable de style, a fait appel au sentiment religieux : il a démontré que les croyances chrétiennes et nos légendes sont aussi poétiques que les plus riches imaginations du paganisme; mais M. de Châteaubriand n'a pas voulu distinguer le christianisme du catholicisme; et c'est le génie de ce dernier qu'il a particulièrement exalté. A l'époque où M. de Châteaubriand a écrit, il ne s'agissait pas précisément de discuter le mérite des doctrines religieuses, mais bien de les faire aimer. Aussi le noble écrivain

mieux ni plus complétement exposées. C'est un aveu
qui ne nous coûte point, et que nous renouvelons,
quoique nous l'ayons déjà fait et motivé. Les Évangiles renferment les plus belles théories d'enseignement qu'on puisse désirer, et ils sont écrits avec
une grande puissance de poésie.

Que la morale chrétienne soit mise en pratique,
et la plus grande réalisation de ce que nous appelons
le progrès sera obtenue : il n'y a donc, à cet égard,
qu'à conserver et à admirer. Mais ces doctrines sub-
sistent depuis deux mille ans, et quoique nous leur
devions une amélioration notable, elles sont loin
d'avoir produit tout ce qu'elles promettaient. Elles
sont pourtant ce qu'elles doivent être : elles n'ont
pas changé, elles ne peuvent pas changer ; elles sont
formulées avec une clarté qui ne laisse aucun doute.
C'est la justice, la bienfaisance, et le culte que toute

s'est-il adressé à l'imagination, qu'il voulait émouvoir, beaucoup plus qu'à la raison.

Aujourd'hui, ce que M. de Châteaubriand n'a pas voulu
faire, est devenu le point capital. Le sentiment religieux
existe : on n'a pas besoin de le stimuler. Il importe d'étudier
le christianisme dans ses effets civilisateurs ; de rechercher ce
qu'il était à son origine et ce qu'il est devenu ; en un mot, de
le considérer comme une philosophie ; d'en faire une vérité
L'abus visible qui en a été fait ne pouvait manquer d'amener
la question au point où elle se trouve.

créature de raison doit adresser à son Dieu. Il y a
dans ces éléments, bien compris, une civilisation tout
entière.

Pourquoi tant et de si précieux avantages ont-ils
produit de si minces résultats? pourquoi des pê-
cheurs, ayant à peine de quoi couvrir leur nudité,
sont-ils remplacés par des princes couverts d'or,
de pierreries, et de dentelles? pourquoi ces princes
habitent-ils des palais, où ils accumulent les produits du luxe et de la fortune? pourquoi l'égalité
prêchée n'a-t-elle produit qu'un despotisme organisé? c'est qu'il y a quelque chose dans le christianisme, qui s'est prêté à de mauvaises interpréta-
tions, et qui a favorisé l'abus *.

* La confession, pratique païenne, introduite dans le christianisme, ainsi que ces paroles : *Ce que vous délierez sur la
terre sera délié dans le ciel*, ont donné une puissance au
clergé qui devait lui inspirer le goût de la théocratie. Aussi
trouve-t-on cette idée dominante dans toute l'histoire de l'É-
glise. L'ambition du prêtre a débordé la pensée religieuse : il
a voulu le pouvoir temporel, comme complément du pouvoir
spirituel. C'est alors qu'il a prétendu faire descendre Dieu sur
la terre et qu'il a abusé de l'absolution.

Personne ne niera ces faits historiques et personne n'osera
prétendre que l'interprétation catholique n'ait été motivée
jusques à un certain point. Je veux qu'il y ait eu abus : mais
il y avait prétexte; et c'est là le plus grand mal. Si la domination du clergé se fût établie (je doute que l'humanité s'en fût

A-t-on abusé de l'enseignement de Socrate? la chose était impossible. Logique en tout, parce qu'il ne s'est jamais écarté de son but unique, et qu'il a été assez habile pour n'en avoir pas deux; il a argumenté avec la raison, qui l'a compris, et non avec l'imagination qui crée des chimères, et qui finit par s'égarer.

A notre avis, les idées religieuses du christianisme lui ont ôté, pour le moment actuel, une grande partie de sa force. C'est le côté non rationnel, qui seul a été en butte aux observations et aux dénégations. Personne assurément n'a essayé d'en contester la partie morale. Ainsi la divinité de Jésus et les miracles dont il l'a étayée (ce sont les seules

bien trouvée), nous aurions eu une civilisation à l'égyptienne, c'est-à-dire des hommes éclairés, commandant à des brutes. Il y aurait eu unité de pouvoir, et par conséquent, point de conflit possible; mais telle n'a point été l'organisation politique de l'Europe. Le pouvoir s'étant divisé en séculier et ecclésiastique, il y a eu conflit d'intérêts qui durera jusques à ce que l'un de ces pouvoirs ait absorbé l'autre.

Or, cet ordre des choses est né du christianisme; c'est le christianisme qui l'a rendu possible, et qui a perpétué sa durée. On est donc forcé de reconnaître que c'est là une de ses infirmités : elle décèle une institution humaine, une institution mêlée d'erreur. Cette cause de perturbation n'existerait pas si le christianisme s'en fût tenu à sa philosophie morale.

choses que l'on conteste) ont empêché la vérité de s'établir parmi les hommes.

Sans la divinité de Jésus pense-t-on que ses vi-caires, les papes, eussent établi leur domination de manière à confondre si scandaleusement le spirituel et le temporel? Croit-on que l'ambition d'hommes, qu'on supposait être les intermédiaires entre le ciel et la terre, fût facile à contenir? et que ce fût trop pour eux de l'empire du monde, quand leur maître régnait dans les cieux? Voilà justement ce que l'his-toire a mis en évidence, et ce qui a le plus compro-mis, comme moyen civilisateur, l'élément chrétien.

Il aurait fallu prévoir que lorsque la raison a acquis un certain développement, elle n'est ni com-plaisante ni crédule *, et qu'alors il y a du danger à vouloir lui faire admettre ce qu'elle ne comprend pas.

* N'est-il pas vrai qu'on trouve dans l'Évangile : « Jamais « sorcier ni sorcière, devin ni devineresse, n'entreront dans « le royaume des cieux. » Qui croit maintenant aux sorciers? Il y a donc dans l'Évangile des paroles qui sont empreintes de l'ignorance du temps, et que la raison ne saurait admettre. Cette remarque suffit seule pour démontrer que les Évangiles, quoique empreints d'une haute philosophie morale, sont une œuvre humaine et non divine. Une œuvre divine serait d'ac-cord avec la raison de toutes les époques et n'accréditerait pas une absurdité.

Telle est la position du christianisme maintenant; et cette position c'est lui-même qui l'a faite. Nous sommes autorisés à dire que si la morale de l'Évangile fût arrivée comme philosophie, et non comme religion, elle y eût beaucoup gagné en stabilité et en puissance. Mais, dans ce cas, il eût fallu que Jésus-Christ fût demeuré homme, comme Socrate, et qu'il n'eût eu d'autre intention que celle de moraliser.

CHAPITRE XVIII.

Doutes élevés par quelques Chrétiens primitifs sur la divinité de Jésus.

Si la morale du Christ est claire et déduite de manière à produire la conviction, il n'en est pas de même de l'histoire de sa vie. Quelques philosophes, au moyen de rapprochements ingénieux, ont cru y reconnaître un mythe, une allégorie des mouvements célestes et de la marche du soleil; pensée qu'ils disent commune à toutes les religions. Selon ces mêmes philosophes, le Christ, né d'une vierge, à la Noël, n'est autre chose que le soleil revenant sur ses pas, dans la constellation de la Vierge, au moment où fut créé le christianisme; et le Christ, mort et ressuscité à Pâques (mot qui signifie *passage*), est l'emblème du soleil remontant sur le zodiaque dans toute sa gloire, et redonnant la vie à la nature.

La division de l'année en deux périodes, l'une de croissance, de chaleur et de vie ; l'autre de décroissance, de froid et d'inaction, a donné lieu aux fables inventées par les Perses et qui se rattachent au culte de Mithra. Ce culte est fondé sur des faits célestes, exactement vrais, au moment où il a été créé ; mais que la marche des temps et le mouvement du ciel *, appelé *précession des équinoxes*, ont rendu moins facile à comprendre aujourd'hui.

Les rapports observés par les philosophes, entre les faits de la vie de Christ et l'histoire du Dieu soleil, sont tellement frappants d'analogie, qu'il n'est guère possible de les prendre pour l'effet du hasard. Quoi qu'il en soit, nous devons nous borner à quelques indications vagues, n'étant pas chargé de discuter le fond de cette question.

Que le culte de l'Agneau ait été commun à plusieurs peuples anciens et modernes ; qu'il ait été célébré particulièrement par les juifs et par les chrétiens, le jour de Pâques, moment où le soleil entrait sous le signe du Bélier ou de l'Agneau ; que l'on trouve presque les mêmes mots, aussi bien que

* Le même mouvement céleste qui a été désigné sous le nom de *précession des équinoxes*, dérange ces observations primitives, parce que le soleil, dans des temps donnés, n'occupe pas exactement les mêmes parties du ciel.

les mêmes faits, dans les théogonies de l'Inde, de la Perse, de l'Égypte, et des temps actuels, nous laissons ces discussions aux hommes de la science, et nous nous contentons d'examiner les documents avoués du christianisme, tels qu'ils nous ont été transmis, et de les apprécier, pour en comprendre la portée.

Le Christ, né d'une femme et cependant fils de Dieu, vient sur la terre comme rédempteur du genre humain : il catéchise, fait des miracles à l'appui de son apostolat, et finit par mourir d'un supplice infâme, méconnu et insulté par ceux-là mêmes qu'il est venu sauver. Voilà le résumé de son histoire. De graves observations se sont élevées sur les assertions renfermées dans ce peu de mots.

Outre que la raison ne peut admettre qu'un Dieu naisse, meure, et ait vécu soumis à tous les besoins de l'humanité[*] ; il n'est pas démontré qu'il faille absolument être un dieu pour enseigner d'excellente morale. Aussi est-il arrivé que dans les premiers siècles du christianisme, des chrétiens, disciples d'Arius, parmi lesquels on rencontre des Pères de

---

[*] (Évangile selon S. Jean, ch. XII.) « Jésus donc, six « jours avant la pâque, vint à Béthanie, où était Lazare, qu'il « avait ressuscité. Et on lui fit un souper, durant lequel Mar- « the servit ; et Lazare était à table avec lui. »

l'Église *, n'ont pas cru à la divinité de Jésus, quoiqu'ils soient restés fidèles à ses doctrines.

Beaucoup de schismes divisèrent l'Église primitive : preuve que l'histoire de Christ n'était pas certaine ou manquait de clarté. Ces querelles, si bien appréciées par le célèbre évêque Ozius **, ensanglantèrent l'empire et exigèrent l'intervention de l'empereur Constantin. Mais elles eurent des chances diverses : car les ariens, longtemps supérieurs à leurs adversaires, furent enfin condamnés par le concile de Nicée.

Vers le milieu du seizième siècle, l'arianisme reparut, ayant simplement changé son nom, qu'il emprunta de Lélius et de Faustus Socin. Les sociniens, entièrement opposés à la divinité de Jésus, fondèrent des églises dans diverses contrées de l'Europe, où leur culte public ne s'est pas soutenu, parce qu'ils étaient une secte philosophique plutôt que militante ; mais en réalité leur nombre ne s'est point diminué, et ils rallient dans tous les pays une grande partie des hommes qui pensent.

---

* Entre autres, Eusèbe, évêque de Césarée, dont les opinions furent partagées par dix-sept évêques.

** « Vous êtes de grands fous, disait-il, de vous quereller « pour si peu de chose ; pour des choses que vous ne compre- « nez pas. »

On peut supposer que les sectateurs de Socin seraient en très-grande majorité, si quelques circonstances imprévues amenaient une manifestation religieuse ; c'est ce que l'état actuel des esprits et le progrès des lumières semblent autoriser à penser. Dieu nous préserve, néanmoins, d'en venir à une constatation exacte! en fait de mouvement religieux, quelle qu'en soit la cause ou la nature, tenons pour positif que le meilleur n'en vaut rien.

CHAPITRE XIX.

Sur quoi dut se fonder la doctrine de Socin.

Pour peu qu'on ait pratiqué les Écritures, il est impossible de n'être point frappé d'une chose extrêmement saillante ; c'est que dans les quatre évangélistes, toutes les fois que Jésus parle de sa personne, il se désigne par les mots de *fils de l'homme*. Pourquoi cette affectation, qui semble poussée jusques à son dernier terme ? Est-ce que *fils de l'homme* ne renferme pas une pensée en opposition directe avec toute croyance de divinité ?

Les évangélistes, quand ils racontent, ne paraissent pas non plus très-sûrs de leurs faits, car voici un chapitre de saint Luc où l'on trouve une révélation assez étrange :

« Le petit enfant croissait et se fortifiait en esprit « et en sagesse (ch. II, v. 40). Son *père* et sa mère « étant montés à Jérusalem, selon la coutume de la

« fête ' (42), l'enfant demeura dans la ville et **son**
« *père* et sa mère ne s'aperçurent qu'il manquait à
« la troupe des voyageurs (quand ils s'en retournè-
« rent) qu'à la fin de la journée (42 et 43). Ne
« l'ayant point retrouvé, ils reprirent le chemin de
« Jérusalem, et après trois jours de recherches, ils
« le virent dans le temple, assis au milieu des doc-
« teurs, les écoutant et les interrogeant (46) : et
« tous ceux qui l'entendaient s'étonnaient de sa sa-
« gesse; et sa mère lui dit : *Mon enfant, pour-*
« *quoi nous as-tu fait ainsi? Ton père et moi, nous*
« *te cherchions, étant dans une grande peine.* »

De quel père s'agit-il là? De Dieu? non, c'est
évidemment de saint Joseph, qui est retourné avec
Marie, et qui est présent. Mais Marie savait, par la
révélation d'un ange, que saint Joseph n'était pas
le père de Jésus; et Jésus, enfant divin, capable
de disputer avec les docteurs, devait le savoir aussi.
Pourquoi donc Marie ne dit-elle pas tout simplement : *Joseph et moi, nous te cherchions.* Il y a dans
ce chapitre une contradiction ou un mensonge.

Où trouve-t-on que Jésus croit ne faire qu'un
avec son père? (ce qui est obligé, sous peine de revenir à la pluralité des dieux). Est-ce dans le cha-

---

' Il s'agit de la fête de Pâques.

pitre XX de saint Mathieu, où il dit aux fils de Zébédée et à leur mère : « Vous ne savez ce que vous
« demandez : être assis à ma droite ou à ma gau
« che, c'est mon père qui en décide. » Est-ce dans
le chapitre VII de saint Jean, v. 16, qui renferme
ces paroles : « Ma doctrine n'est pas mienne, elle
« est de mon père. » Est-ce dans le chapitre XVIII
de saint Luc, où il répond à quelqu'un qui l'interroge : « Pourquoi m'appelles-tu bon ? il n'y a de
« bon que Dieu. » Ne dit-il pas encore, ch. XII du
même évangéliste : « Quiconque parlera contre le
« fils de l'homme sera pardonné : mais quiconque
« blasphémera contre le Saint-Esprit sera con
« damné. »

Il faudrait être bien préoccupé par une idée fixe
pour ne pas trouver, dans ces passages, la preuve
que le Christ se croyait moins que Dieu, qu'il ne se
confondait point avec Dieu.

Saint Paul lui-même nous semble tout à fait de
cette opinion, lorsqu'il dit dans son épître aux Hébreux, ch. II, v. 7 : « *Tu l'as fait un peu moindre*
« *que les anges*, tu l'as couronné de gloire et d'hon
« neur, et l'as établi sur l'œuvre de tes mains*. Il y

* Les versets qui précèdent sont peu intelligibles, selon les
habitudes des prophètes.

« a (ajouta-t-il dans sa première épître à Timothée,
ch. II, v. 5) « un seul Dieu et un seul médiateur
« entre Dieu et l'homme, savoir : *Jésus-Christ,*
« *homme.* »

Ainsi Jésus-Christ le *médiateur* est *homme*; il a
été créé un peu moindre que les anges; il annonce que
les injures qu'on lui adresse seront *pardonnées,*
mais non celles qui se dirigeraient contre le Saint-
Esprit; il ne veut pas qu'on l'appelle *bon*, parce
que cette qualification appartient à Dieu seul; il
avoue que la doctrine qu'il prêche n'est point la
sienne, mais bien celle de son père, etc., etc.; eh!
l'on ne verrait pas dans toutes ces paroles un aveu
de son infériorité, d'une personnalité différente de
celle de Dieu !

Cette question a été terriblement controversée,
puisqu'il n'en est resté que désordre et confusion,
même dans l'esprit des Pères de l'Église, et que
chacun l'apprécie à son point de vue particulier. Si
ceux qui devraient être les flambeaux de la chré-
tienté nous offrent des opinions contradictoires,
comment peut-on exiger de l'unité dans la foi, et
commander exclusivement certaines croyances?

Origène dit : « Nous présentons nos prières à
« Dieu, par Jésus-Christ : » il ne confond donc pas
Jésus-Christ avec Dieu, car il serait absurde de

faire présenter, à quelqu'un, quelque chose par lui-même. Puis il ajoute : *Jésus-Christ tient le milieu entre la nature créée et la nature incréée.* Il n'est donc pas complétement de la même nature que Dieu !

Saint Augustin déclare qu'on ne peut sauver Moïse de l'absurdité qu'en ayant recours à l'allégorie : il ne croit donc pas à la Bible !

Tertullien affirme, en plusieurs endroits, que l'âme est corporelle, que Dieu est corporel : il est donc matérialiste !

Justin, martyr, accorde autant de foi aux oracles des sibylles qu'à ceux de l'Ancien Testament : n'est-ce pas réduire ces derniers à rien ? Il nous apprend ailleurs que les anges ont eu commerce avec les femmes, et que c'est ainsi qu'ont été procréés les démons. Supposition qui fait beaucoup d'honneur aux anges et aux femmes ! Dans un autre passage, le même saint nous assure que Jésus-Christ *est la raison*, à laquelle tous les hommes participent (plus ou moins cependant, n'en déplaise à saint Justin) ; et il va jusques à prétendre que tous ceux qui ont vécu *selon la raison* sont chrétiens, quand même ils auraient passé pour athées.

Saint Clément d'Alexandrie ne craint pas d'affirmer que la philosophie peut sauver les Grecs, comme l'Évangile sauve les chrétiens.

Lactance, au rapport de saint Jérôme, nie la personnalité du Saint-Esprit.

Saint Jérôme ne croit point que la Divinité dirige les petites choses comme les grandes; ce qui est nier la Providence.

Méthodius appelle le Verbe, le plus ancien des Εῶν, ou le premier des archanges.

Les livres des Pères sont donc un arsenal dans lequel l'on peut puiser toutes sortes d'opinions, ou, si l'on veut, toutes sortes de justifications; et si l'on ajoute aux documents que nous venons de fournir toutes les erreurs de physique et de géographie dont leurs écrits fourmillent [*], il faudra convenir que le chrétien qui cherche la vérité, de bonne foi, se trouve singulièrement renseigné.

Au milieu de toutes ces contradictions que faut-il faire? se méfier beaucoup des autres et se former une opinion impartiale et raisonnée, sans s'inquiéter

---

[*] Pour se faire une idée de la science des Pères de l'Église il suffit de savoir que saint Épiphane confond le Gange et l'Indus, dont il fait un seul et unique fleuve; que saint Basile place les sources du Danube dans les Pyrénées, et les sources de l'Éridan dans la Scythie; que Chrysostôme fait du ciel une chambre fermée dont les murailles portent sur la terre; que Lactance et saint Augustin nient les antipodes et traitent d'hérétiques ceux qui croient à cette vérité. Nous n'en dirons pas davantage, ce serait un soin superflu.

de ce qui aura été dit. Dès lors on en revient à la méthode philosophique, la seule qui puisse conduire à la vérité.

Nous pouvons conclure de tout ce qui précède, que les hommes ont autant à oublier qu'à apprendre quand ils voudront se faire un jugement sain. Ce travail indispensable, d'où doit résulter un triage, ou pour mieux dire un grand choix parmi les idées reçues, nous paraît le commencement de l'enseignement destiné à développer le sens moral. Tant qu'il subsistera un préjugé, ne comptez que fort peu sur le triomphe complet des véritables idées sociales.

CHAPITRE XX.

Difficultés sociales produites par l'Erreur.

L'ordre social n'est assuré que par la sincérité des relations. Établissez un doute sur les dispositions secrètes de la personne avec qui vous traitez, et vous êtes, par prudence, obligé de rester sur la défensive. La paix, que vous avez eu l'air de conclure, est tout au plus une trêve déguisée, et vous êtes de fait en état de guerre.

Une situation si précaire ne peut pas plus convenir aux nations qu'aux particuliers. La sécurité n'est-elle pas le premier des biens? Comment le commerce obtiendra-t-il tout son développement si chacun est obligé d'avoir toujours les yeux sur son voisin, pour savoir dans quel moment il lui plaira de se montrer hostile? Tel est pourtant l'état actuel des peuples : voyez la France et l'Angleterre. Dirait-on, à l'attitude contrainte de ces deux grandes puissances et à toute la haine qu'elles cachent sous un semblant d'amitié, qu'une pensée de paix domine la civilisation ?

C'est que ni la France ni l'Angleterre ne sont civilisées, dans la véritable acception du mot; c'est qu'elles ne sont pas justes et qu'elles ne veulent pas l'être. Est-ce qu'il est possible qu'on s'entende quand on ne comprend que la cupidité et la jalousie! quand on veut tout pour soi et rien pour les autres, quand on se tend des piéges et qu'on cherche à se dépouiller! A quoi bon demander aux mots des mensonges? On n'est pas amis, on est ennemis *.

---

* Nous espérons qu'on ne prendra point cet article pour un retour vers la politique. C'est une pensée morale qui le domine, et ce n'est que d'une manière incidente que les noms de la France et de l'Angleterre y sont mêlés. Nous faisons la guerre à l'erreur, soit qu'elle provienne de l'ignorance, soit qu'elle découle de passions cupides ou de la mauvaise foi : nous sommes donc obligé de montrer où elle mène, et de la flétrir par l'exposé de ses résultats. Ce qui conduit à l'absurde est nécessairement une erreur : or, je le demande, y a-t-il rien de plus absurde que de tuer des hommes parce qu'ils se font une autre idée que nous du bonheur ou de la civilisation? Est-il rien de plus brutal, de plus barbare, que de dire à une créature humaine : Tu veux être polonais, tu seras russe; tu veux être italien, tu seras allemand; tu veux être indous, tu seras anglais; tu veux être arabe, tu seras français. Les assimilations de peuples doivent être faites d'un commun accord et en

Si l'on passe au même creuset les relations d'homme à homme, y trouvera-t-on des gages de sécurité? Les fraudes permanentes, qui ont mis la falsification partout; dans la fabrication, dans la vente, comme nous l'avons démontré ailleurs; sont-elles un signe de progrès moral ou de décadence? font-elles même autre chose que déconsidérer ceux qui se les permettent, et, par suite, nuire à leur débit? Ainsi elles produisent un petit bien pour un grand mal, c'est là le cachet de l'erreur.

Les nations se trompent donc, comme les particuliers, lorsque, par égoïsme et sans avoir égard aux principes d'équité, elles cherchent à se nuire. La loyauté et la justice, autrement dit le vrai en toutes choses, sont ce qui fonde les bonnes positions.

Partout où l'erreur se fait jour, elle produit la déception. Il n'y a pas d'erreur indifférente :

vue d'un intérêt compris par les deux parties. C'est ainsi que s'est formée l'association des États de l'Amérique du nord, et tout récemment l'assimilation du Texas. Il eût été plaisant que la France ou l'Angleterre eussent guerroyé pour empêcher une convention aussi légitime! Lorsque le pays de l'Orégon voudra suivre l'exemple du Texas, personne n'aura le droit de l'en empêcher.

Les Américains sont dans le vrai, relativement au sens du mot *conquête;* c'est ainsi qu'il faudra l'entendre à l'avenir. Les vieilles monarchies de l'Europe sont encore dans les idées du moyen âge.

erreur religieuse, erreur morale, erreur politique ; tout cela éloigne des fins sociales et ne peut
avoir que de fâcheux résultats. C'est par les conséquences qu'elle produit, que l'erreur doit être jugée :
ne vacillez point dans l'appréciation du bon ou du
mauvais, sans quoi vous ne pourrez savoir où vous
allez. Croirait-on, par exemple, que l'établissement
de la domination française en Afrique trouve son
plus grand obstacle dans des erreurs de religion ?
Le frère d'Abou-Mouza * nous l'a appris : quelle
que soit l'apparence de la soumission des Arabes,
elle ne sera jamais réelle et ne survivra pas à la
force. La soumission véritable n'a lieu que par la
conviction, quand il est démontré qu'on gagne à un
changement d'état.

Je sais très-bien que la civilisation française serait un bienfait pour les habitants de l'Algérie :
mais comment franchira-t-elle les barrières que lui
oppose le fanatisme religieux ? Oserez-vous attaquer
les Arabes dans leurs croyances ? Je veux qu'ils con-
sentent à vous écouter et à entrer en discussion réglée ; je veux que vous leur prouviez que Mahomet
n'a jamais été en communication avec l'ange Gabriel ; ils vous répondront qu'il fut un législateur

* Ou bien Bou-Maza.

et un homme; qu'il n'y a qu'un seul Dieu, même
en supposant que Mahomet ne soit pas son prophète.

Dans ces dispositions les plus favorables où vous
puissiez les trouver, irez-vous essayer de leur prouver qu'ils doivent se rallier à la religion de Christ?
mais alors, au lieu d'un prophète, ils en auraient une
douzaine, et ils auraient de plus un *homme-Dieu*!
Je doute que votre trinité leur paraisse facile à comprendre : vous serez bienheureux s'ils ne finissent
point par croire qu'Allha vous a ôté tout jugement.

Ainsi se dresseront entre vous et ce peuple, semblables à un mur d'airain, des erreurs religieuses
qui vous en sépareront à jamais. Le sang aura
coulé et coulera encore en pure perte : car du
moment que vous ne pourrez plus humainement
vous entendre, si les chances ne tournent pas un
jour contre vous, il n'y aura plus entre vous et ce
peuple qu'un maître et un esclave, qu'un agresseur
et une victime.

Est-ce de cette façon que vous entendez le droit
et l'équité?

Ce que nous venons de dire s'applique parfaitement à la manière dont les Anglais dominent l'Inde:
ils ont pour le moins autant de tort que nous, et ne
comprennent pas mieux la liberté. Nous ne disons

rien de l'Autriche et de l'Italie, de la Russie et de la Pologne ; nous leur conseillons seulement de chercher à se convaincre mutuellement, si c'est possible, que l'état actuel des choses est pour le mieux, et que le droit des gens n'a rien à y reprendre.

Espérons que la Vérité luira un jour parmi les hommes et leur montrera tout l'odieux de leur conduite ; alors ils rougiront de leur passé, comme un homme mûr rougit des erreurs de sa jeunesse ; et, confus de s'être crus beaucoup trop tôt civilisés, ils accepteront les véritables bases de la civilisation.

CHAPITRE XXI.

Jusqu'à ce jour l'Erreur semble avoir été le but et la base de tout enseignement.

Tant de gens vivent de l'erreur, et il existe une si grande masse d'absurdités, qu'on est bien excusable de regarder cet état de choses comme le résultat d'un système. En effet, il ne s'est pas établi une seule croyance utile sans qu'elle n'ait été environnée de fables, d'allégories, et de mensonges ; on dirait, aux précautions qui ont été prises par ceux qui ont eu mission d'organiser l'état social, que l'homme n'est pas fait pour connaître la vérité.

Dans les temps primitifs, lorsque l'intelligence était loin d'être développée, il se peut qu'il ait fallu de grands ménagements pour faire accepter des théories contraires aux appétits naturels : peut-être n'était-ce pas trop de l'intervention divine pour obtenir un pareil résultat. Mais aujourd'hui, sous une ère qui a produit la décomposition de tout ce qui passait pour élément, à l'époque des gaz, du triomphe de la vapeur, des chemins atmosphériques, des miracles récents produits par l'électricité, l'homme est devenu trop grand pour pouvoir tenir dans ses langes : aussi est-il temps qu'il ne regarde plus comme sérieux les contes dont on a cru devoir bercer son inexpérience.

Pourquoi le grand arbre de la civilisation ne serait-il pas débarrassé des milliers d'animaux parasites qui dévorent sa substance? Ne le voulons-nous pas vigoureux et beau ? La philosophie s'est chargée de cet *échenillage* qui la compromet peut-être aujourd'hui, et pour lequel on la bénira demain.

CHAPITRE XXII.

L'Erreur ne peut pas être respectable.

Quoi qu'en disent certains déclamateurs indisposés contre toute innovation, parce qu'ils exploitent l'ordre des choses établi, il se fait un travail moral qui les laisse en arrière.

L'erreur ne conduit qu'à l'erreur : quel intérêt les masses peuvent-elles avoir à courir après des déceptions ? N'est-ce pas là précisément le sujet éternel de leurs plaintes ? Ne sont-elles pas toujours exploitées, dans le présent, au moyen de quelque leurre qu'on leur montre pour l'avenir ? Elles sont donc dupes, toujours dupes ! et l'on voudrait couvrir d'un vernis de religiosité ce qu'il y a de plus odieux dans la sophistication moderne !

Non, l'erreur ne peut être respectable : elle ne se fait jamais remarquer que par l'absence de tout ce qui constitue l'utilité ; elle n'a de valeur que pour

les fourbes, et cette seule observation suffit pour
constater qu'elle est en état d'hostilité flagrante
contre tous les intérêts sociaux.

L'erreur, quand elle est de bonne foi, peut inspirer un sentiment de commisération ; mais lorsqu'elle se présente avec l'espoir de tromper, lorsqu'elle devient l'instrument de quelque passion cupide, on doit la considérer comme une arme fatale,
mise dans la main du génie du mal.

CHAPITRE XXIII.

Suite du Chapitre précédent.

Il suit de là que tout ce qui n'est pas rationnel doit être abandonné *.

Si j'étais chargé d'être l'avocat de l'erreur, pour la sauver d'une condamnation capitale (c'est toute la grâce qu'on pourrait lui faire), je chercherais mon argumentation dans les croisades, époque où une bévue religieuse devint un moyen civilisateur. Mais j'aurais soin de distinguer ce qu'il serait imprudent de confondre.

---

* Malheureusement les chefs de tout pouvoir, soit laïque, soit ecclésiastique, pensent qu'ils ne peuvent se passer de l'erreur. Cela démontre que l'art des déductions n'est pas suffisamment connu. Tout chemin mène à Rome, ne manquera-t-on pas de nous dire. C'est ce que je veux bien regarder comme possible ; mais à coup sûr il y en a un qui vaut mieux que tous les autres ; et celui-là, les gens avisés sauront toujours le choisir. Il y a bien peu d'idées saines dans le monde !

Le sentiment qui porta les anciens croisés à délivrer la Terre Sainte avait un principe respectable, celui d'être agréable à Dieu et de le servir ; cependant, si l'on veut considérer les croisades comme une opération raisonnée, elles n'avaient pas le sens commun ; car supposer que Dieu a besoin de l'intervention des hommes pour arriver à ses fins, est une absurdité ; c'est même une prétention impie.

Croire qu'on peut rendre service à Dieu est donc une chose tout à fait insoutenable dans la condition subalterne de l'humanité. C'est placer l'Être tout-puissant dans la catégorie des princes de la terre. L'homme peut prier Dieu, le remercier, lui offrir de très-humbles actions de grâces ; mais lui rendre service n'est pas en son pouvoir.

CHAPITRE XXIV.

La valeur civilisatrice du Christianisme est dans sa morale
et non dans ses dogmes.

Le dogme ne peut rien pour le développement de la raison, puisqu'il est contraire à la raison, ou si l'on veut au-dessus de la raison. L'instruction morale doit donc être toute positive, toute de conviction, pour laisser des traces durables ; car elle ne peut s'insinuer qu'au moyen des formes du raisonnement.

Lorsque le christianisme eut repoussé toute l'impureté des mœurs païennes, pense-t-on qu'il eût été suffisant d'entretenir les néophytes dans la croyance de quelques miracles ? Telle ne fut pas l'opinion de saint Paul, qui réglementa l'Église nouvelle. C'est à tracer des devoirs qu'il employa ses premières instructions. « Ayez le mal en horreur; attachez-
« vous fortement au bien ; ne soyez point paresseux

« à vous employer pour autrui. Soyez joyeux dans
« l'espérance, persévérants dans la prière, et mon-
« trez-vous patients quand vous êtes affligés ; ne
« négligez point la charité fraternelle, aimez-vous
« les uns les autres, pratiquez les choses honnêtes ;
« et s'il se peut, soyez en paix avec tous les hommes.

« Ne vous vengez point, bénissez ceux qui vous
« persécutent, et pleurez avec ceux qui pleurent. »

C'est de cette façon que saint Paul catéchisa,
parce qu'il n'ignorait point que ces paroles renfer-
maient toute la substance de sa religion. Eh bien,
ce que saint Paul disait aux Romains, dans ses chapitres XII et XIII, il faudrait éternellement le dire
à tous les hommes ; parce que cela est de tous les
temps, de tous les lieux, parce que cela est la vérité.
Mais quand il nous apprend que *nous sommes justifiés par la foi*, et qu'il nous fait l'histoire des *pré-
puces*, alors son autorité diminue et nous ne l'excu-
sons que par suite des habitudes de respect attachées
à son grand nom [*].

* Saint Paul, malgré sa grande réputation, me semble avoir
commis une véritable incongruité quand il a osé dire : « La
« folie de Dieu est plus sage que la sagesse des hommes. »
Est-ce qu'il ne comprenait pas que Dieu étant la sagesse éternelle, c'est un non-sens de lui appliquer le mot *folie?* Saint
Paul n'était pas inspiré quand il a tenu un pareil langage.

Il en est de même des enseignements du maître. Nous l'admirerons toujours lorsque ses suaves exhortations tendront à établir la paix sur la terre et à faire une grande famille de tout ce qui constitue l'humanité. Qu'après nous avoir enseigné que ce n'est pas assez d'être juste, qu'il faut encore être bienfaisant ; il nous recommande d'être *prudents comme le serpent et simples comme la colombe ;* sans examiner en quoi le serpent a mérité d'être cité comme *prudent,* nous acceptons cette sage recommandation ; mais nous ne concevons pas qu'à la suite il fasse une espèce de jeu de mots sur le nom de Pierre ; qu'il nous assure que *les sorciers ni les sorcières n'entreront jamais dans le royaume des cieux ;* enfin, qu'il vienne nous dire : *Ne pensez pas que je sois venu mettre la paix sur la terre ; j'y suis venu porter le glaive.* Ces paroles, si contraires à tout l'esprit du christianisme, renfermé dans les Évangiles, semblent une inadvertance à laquelle nous ne chercherons pas à nous arrêter.

Nos observations motivées, sans aucune intention critique, ne nous empêchent pas de penser que la morale chrétienne, renfermée dans des allégories aussi claires que poétiques, est suffisante pour conduire à bien toute civilisation, pourvu toutefois qu'elle soit pratiquée avec scrupule.

Ceux qui ont voulu chercher mieux n'ont fait que constater leur impuissauce. On perd son temps quand on repousse ce qui est bon, par esprit de système : restons donc attachés à la pureté de la morale évangélique, pour tout ce qu'elle offre de philosophique et de bien pensé.

CHAPITRE XXV.

Réforme de la Société par le développement du sens moral.

Un fait incontestable, c'est que les hommes les plus avancés dans la connaissance des besoins sociaux demandent une réforme ; que le peuple la demande aussi par les mille manières dont il fait connaître le malaise qu'il éprouve et l'insuffisance de ce qui est ; que les princes, s'ils ne l'avouent point, on ne sait trop pour quelle cause, en reconnaissent la nécessité quand ils se plaignent que les peuples deviennent difficiles à gouverner.

Pourquoi cette unanimité de pensée n'amène-t-elle pas un mouvement simultané? Il semble que lorsqu'on est d'accord sur l'utilité d'une chose il n'y ait plus qu'à mettre la main à l'œuvre. Il n'en est pourtant pas ainsi. Les rois veulent, en général, beaucoup retenir et donner peu : ils se réservent, dussent-ils ne savoir qu'en faire (ce qui arrive souvent), autant de pouvoir qu'ils le peuvent, sauf à se résoudre à des concessions lorsqu'ils y sont absolument forcés.

Cette prédisposition ressemble à celle d'un avare qui entasse ses trésors sans en retirer aucun avantage. On ne peut faire un plus faux, un plus ridicule calcul. Les chefs des gouvernements aiment mieux se plaindre des peuples que de les satisfaire : ils sont, en général, incapables de voir que les difficultés dont ils se plaignent viennent d'eux ; aussi qu'arrive-t-il ? Comme ils se trouvent bien tels qu'ils sont, ils désirent le *statu quo* parmi les peuples. Ils sont donc les ennemis du progrès.

Dès lors leurs concessions, presque toujours forcées, sont sans bonne foi : ils sont tiraillés par la raison, qui les pousseraient en avant, et par une mauvaise appréciation de leur intérêt, qui les pousse en arrière. Dans cet état de choses, ils ne font ni leurs propres affaires ni celles de leurs sujets ; ils font celles de leurs courtisans gorgés d'abus.

Il y a donc quelque chose de faux dans la position des princes, et leur politique, non pas avouée, mais leur politique d'instinct les porte à ne pas aimer les hommes de conviction *. Ils ne veulent pas qu'on

* M. de Cormenin a remarqué dans un de ses pamphlets

leur dise la vérité, mais qu'on flatte leur goût ; et pourvu qu'ils puissent contenir, qu'ils sachent contraindre, ils se croient habiles !

Aussi s'accommodent-ils volontiers de demi-talents, de demi-vertus, de principes à demi constatés, dont on ne doit tirer que de demi-conséquences. C'est un système de *demi-vérité* qui laisse fort à son aise le despotisme et le mensonge ; les peuples, au contraire, veulent des principes absolus avec leurs rigoureuses conséquences. Ce n'est pas un *demi-bien-être* qu'il leur faut, c'est tout le bien-être où il est possible d'atteindre. Ils savent que, quoi qu'on puisse faire, la condition de l'humanité ne sera jamais trop brillante, et ils ne peuvent consentir à rien perdre de ce qui leur est dû.

Il suit de cette manière de penser des nations qu'elles ont un goût prononcé pour le développement des idées morales, et qu'elles demandent pour tout et partout le triomphe de la vérité. Or, comme les siècles passés n'ont pas résolu ce problème, il appartient tout entier au siècle présent.

« qu'à l'époque où nous vivons, l'homme logique reste seul. » Mais il en était ainsi du temps de Socrate, et il en sera probablement longtemps de même. Toutes les supériorités sont isolées, parce qu'elles marchent en avant et que les autres ont peine à les suivre.

Pour que la vérité produise ses conséquences,
pour qu'elle soit bien comprise, il faut que l'esprit
public reste logiquement rattaché à des faits; il faut
que les droits et les devoirs soient tracés, non pas
d'une manière arbitraire, mais conformément aux
prescriptions de la raison * : encore devons-nous
dire qu'il y a une raison de convention, celle que
mettent en usage les sophistes; et que ce n'est pas
de celle-là qu'il s'agit ici. La raison, à notre sens,
n'est pas toujours le raisonnement; c'est la mise
en action des principes de l'équité et de la justice.

On conçoit que toutes les relations sociales, basées sur cette raison, seraient irréprochables, et que
celles qui s'en écarteraient pourraient y être facilement ramenées par les moyens que doivent fournir
de bonnes lois : mais qu'est-ce que des lois qui ne
sont pas comprises ou qui ne sont pas en rapport
avec les idées courantes d'une civilisation? La nécessité de comprendre la loi, de comprendre tout ce
qui est juste, nous conduit inévitablement à un dé-

---

* Les princes, encroûtés de préjugés comme ils le sont,
consentiront-ils à admettre les nécessités que nous signalons?
Ce qui se passe aujourd'hui en Prusse, où une demi-velléité
s'est montrée, est la preuve du contraire. Rien de ce que nous
demandons ne sera accordé; mais quand les peuples le voudront, ils pourront le prendre.

veloppement du sens moral, tel qu'il n'a jamais encore été pratiqué. C'est le but capital de cet ouvrage.

Nous désirons, en conséquence, qu'il soit fait un travail duquel il résulte que les idées saines, morales, philosophiques, soient commentées à l'usage de tout le monde ; qu'elles soient l'objet d'un enseignement particulier, adapté à toutes les classes ; qu'elles deviennent familières à tout citoyen ; qu'il y trouve un flambeau pour le guider dans les circoustances les plus ténébreuses de la vie.

Une pareille opération, dirigée avec la rectitude d'esprit qui caractérise les temps modernes, serait de la plus haute importance pour le bonheur du genre humain : elle constituerait la société sur ses véritables bases, pourvu toutefois qu'on en fît autre chose qu'une vaine théorie.

Sans prétendre dire le dernier mot sur cette magnifique et imposante question, nous allons essayer, dans les chapitres qui vont suivre, d'expliquer comment il serait possible de la résoudre. N'eussions-nous fait d'ailleurs que mettre de plus habiles que nous sur la voie, nous nous réjouirions d'avoir pris l'initiative et d'avoir fourni l'occasion d'un changement utile dans les formes vieillies de l'ancienne société.

CHAPITRE XXVI.

Espérances de succès fournies par des expériences analogues essayées dans des établissements particuliers.

Il y a des gens qui sont capables de nous dire : Votre pensée de réforme est bonne, mais est-elle exécutable ? Croyez-vous être le seul qui ait porté l'investigation de la raison dans une question aussi importante ? A-t-on réussi à changer la face de la société ? Eh ! comment espérez-vous avoir plus de bonheur ou de puissance persuasive que les autres ! Cette présomption est probablement une erreur.

J'accepte une partie de cette critique : je ne suis pas le premier, je ne suis pas le plus habile, tant s'en faut, de ceux qui ont désiré le triomphe de la vérité ; mais je suis venu après les autres, et il s'en faut de beaucoup que le travail de mes devanciers ait été perdu. Ils ont jeté la semence qui germe longtemps sous la terre avant de produire une plante.

laquelle, à son tour, n'arrivera à la fructification qu'avec le secours du temps. Ce n'est pas uniquement sur moi que je compte, c'est sur les prédispositions de la société. L'eau de la source s'est élevée jusques à la hauteur de la prairie; je n'ai fait qu'ouvrir la rigole, et la fécondité se répandra par l'arrosage.

Dans les affaires de ce monde, l'action d'un seul est peu de chose; mais l'action de plusieurs, mais une action continue est beaucoup. Quand une idée saine s'est implantée dans la société, elle y reste : elle en appelle une autre qui arrive à son tour, et qui prend son droit de cité. C'est ainsi que la raison publique se forme, et que ce qui était impossible à une époque devient très-facile dans une autre : il ne s'agit que d'arriver à propos.

Comment peut-on douter du travail immense qui se fait de toutes parts dans les esprits? Et pourtant ce travail n'est provoqué par aucune force gouvernementale : c'est beaucoup s'il n'en est pas contrarié. Ne voyez-vous pas que, sans agir systématiquement, sans être soumis à un mouvement d'ensemble, des hommes d'élite ont déjà pratiqué une partie de ce que nous demandons? Nous n'en sommes plus à des conjectures, et l'expérience nous offre ses formules dont il nous est impossible de douter.

Honneur à ces hommes de charité qui ont consacré leur intelligence et leur fortune à préparer des arguments contre l'égoïsme et l'incapacité de la routine! Leurs expérimentations ont prouvé combien les idées sociales de l'époque actuelle sont mauvaises. Allez à Mettray, à Petit-Quévilly, et demandez à MM. de Metz, de Bretignière et Lecointe, comment, par le seul moyen d'une méthode rationnelle, on dompte des natures à demi corrompues, et comment on les ramène à la vertu!

Ce que ces estimables philanthropes font pour des échappés de la police correctionnelle, pourquoi ne l'appliquerait-on pas à la société tout entière? non par des moyens tout à fait semblables, mais par des analogues. La pensée générale est trouvée, il ne s'agit plus que d'une judicieuse application.

Il y aura pourtant toujours une différence notable entre l'enseignement destiné aux adultes et celui destiné aux enfants; mais ne voit-on pas que le premier de ces enseignements deviendra inutile, lorsque l'autre aura été mis en exercice pendant un temps donné? Il ne s'agit que de commencer, et surtout d'avoir une volonté bien déterminée.

L'éducation de l'espèce humaine ne peut pas être une chose isolée : elle doit se combiner avec les croyances de tout genre qui caractérisent une épo-

que. Platon voulait que la législation fît les mœurs ;
et c'est pour cela qu'il mettait l'éducation de tous
les citoyens sous la responsabilité de l'État et sous
sa sauvegarde ; mais au temps de Platon les devoirs
étaient mieux définis qu'aujourd'hui : personne ne
croyait pouvoir user de la puissance à son profit,
et la chose publique passait avant tout. Les pensées
d'exploitation et d'égoïsme étaient réservées aux
siècles modernes ; peut-être, pour donner plus de vigueur aux convictions chancelantes, et pour qu'enfin le plus grand des vices sociaux, mieux connu,
fût à jamais voué à l'exécration qu'il mérite.

CHAPITRE XXVII.

Du Fond et de la Forme dans un pareil système d'éducation.

Puisque nous reconnaissons que l'esprit de l'homme a besoin d'aliments, pourquoi ne lui en donner que de ceux qui ne peuvent le nourrir? Il ne s'agit pas, en éducation, de la quantité d'idées que l'on peut mettre dans une tête, mais de leur qualité, et de la manière dont on pourra les introduire.

La forme nous semble toute trouvée. La France possède deux grandes écoles normales dues à de simples particuliers. Allons y puiser des leçons, car nous y trouverons une théorie nouvelle, entièrement justifiée par la pratique. Point de violence d'abord: le chef ne doit paraître aux yeux de ses élèves que comme une providence, et ne signaler sa présence que par des bienfaits. Les infractions aux règlements ne sont punies que par décision d'une espèce de jury:

les élèves se condamnent eux-mêmes, et ne craignez point qu'ils se livrent à trop d'indulgence, leur magistrature est impitoyable.

Êtes-vous inquiet de savoir quelles seront les punitions imposées? Un simple blâme, une couleur d'habit à laquelle on attache une idée de flétrissure. Tout ce qui constate la culpabilité est humiliant quand on a l'habitude de croire que c'est la faute, et non la punition, qui déshonore. Établissez une égalité parfaite, et n'accordez de distinction qu'à ceux qui valent mieux que les autres. L'opinion des élèves eux-mêmes, si vous la faites expliquer, vous désignera de la manière la plus équitable ceux qu'il faudra récompenser, et ceux qui mériteront d'être punis.

La mutualité devra être aussi mise en usage, puisqu'elle est un des plus puissants moyens d'émulation. Quant à la direction des études, soit qu'elles n'aient rapport qu'au développement de l'esprit, soit qu'elles s'appliquent à un art mécanique, elles doivent être combinées de manière à ne point paraître fatigantes. Il ne faut pas que l'élève puisse jamais se dire : *C'est trop*.

Le mieux serait d'entremêler un travail corporel ou manuel aux études intellectuelles, de façon que les uns arrivassent comme délassement des autres,

Il faut aussi que les établissements soient sous l'empire d'une règle précise et invariable. L'occupation prévue, constante, est un remède et un préservatif : elle empêche de songer au mal, et elle crée des habitudes qui deviennent une seconde nature.

Tout règlement hygiénique sera aussi d'une grande valeur, partout où vous assujettirez des créatures humaines à un régime disciplinaire : il faut que chacun ait la conscience de son bien-être matériel, qu'il lui soit impossible de connaître l'ennui. Sans ces deux conditions, le succès pourrait être problématique ; n'oublions pas non plus que lorsque l'individu élevé, ou corrigé, fera sa rentrée dans le monde, il n'y doit point paraître en enfant perdu, sans moyen d'existence et sans protection. Ceci ne s'applique pas d'une manière rigoureuse aux jeunes gens qui ont une position et une famille.

Il faut donc créer beaucoup d'établissements disciplinaires, d'éducation, où chacun puisse acquérir les notions morales et les habitudes du travail qui lui manquent, afin que plus tard la société trouve des garanties suffisantes d'instruction, et, au besoin, de répression.

Telles qu'elles ont été conçues, les maisons de refuge, les maisons de correction, les maisons d'éducation, ne sont ni efficaces dans leurs résultats, ni assez nombreuses. C'est un service avorté, parce que la pensée n'en a jamais été franche, loyale, et dirigée par un véritable amour du bien public *. Il y a donc un immense travail à coordonner ou à refaire.

Après avoir ainsi expliqué comment la forme de l'éducation pourrait être réglée, il sera aussi d'un grand intérêt d'en connaître le fond. Le fond! nous n'en connaissons qu'un seul, c'est le vrai absolu. Cherchez le vrai en toutes choses, car lui seul a le pouvoir de vous conduire au beau. Le vrai dans les arts! le vrai dans la morale! connaissez-vous un autre moyen d'améliorer la société? Mais le vrai n'est pas toujours facile à connaître : quoique simple, il arrive presque toujours après l'erreur. Le vrai se heurte à mille obstacles : il condamne les passions des hommes, et les fait trop souvent rougir : voilà pourquoi il est si longtemps à préparer son triomphe.

Cependant, que peut-on faire sans lui? tâtonner et se perdre dans les ténèbres. Quand on envisage l'état social à ce point de vue, combien nos législa-

---

* Il est bien entendu que nous ne parlons pas ici des citoyens dévoués, qui ont fait de grandes et nobles entreprises à leurs frais : mais de ceux qui auraient dû le faire, et qui ne savent pas même encourager les bonnes intentions.

teurs sont petits et la morgue de nos hommes politiques ridicule ! Que sont leurs lois sur l'instruction
publique ? leurs systèmes répressifs et pénitenciers ?
leurs mesures administratives, etc., etc.? Rien que
des conceptions touchant par tous les bouts à l'absurde, qu'on essaie vainement d'exécuter, et qui
nous conduisent de tous côtés dans des impasses.

Lorsque la conséquence est fausse et qu'elle a été
déduite logiquement, je n'en demande pas davantage pour savoir à quoi m'en tenir sur le principe.
J'ai donc eu raison de prétendre que le fond de tout
enseignement doit être la vérité. Mais je suis obligé
d'en faire l'aveu, l'erreur a des racines si profondes,
elle s'est implantée si énergiquement dans les en-
trailles de la société, que j'ignore encore si le moment
est venu de la détruire.

CHAPITRE XXVIII.

Simplicité des Principes moraux.

Du moment où l'homme est décidé à vivre en société et où il est bien persuadé qu'il ne peut pas vivre autrement, il est forcé, pour peu qu'on le fasse réfléchir sur cette matière, de convenir qu'il doit accepter les conditions sans lesquelles la société ne saurait exister.

Il ne reste plus alors qu'à lui faire connaître ces conditions.

Nous devons pourtant avouer qu'il y a des individus disposés par caractère à repousser tout ce qui a l'apparence d'un joug. Ceux-là peuvent résister et chercher à défendre leur indépendance absolue. Mais dans ce cas on peut leur faire comprendre qu'en n'acceptant pas tout, ils restent en dehors des bienfaits sociaux, et qu'ils commencent une lutte dans laquelle ils succomberont.

A moins d'être dans un état complet de démence, il n'est pas possible d'ignorer que la société a le droit de se conserver et de se défendre; et comme la force ne saurait lui manquer, elle est en définitive un pouvoir à qui rien ne résiste.

Examinons les sacrifices qu'elle exige :

Elle commence d'abord par substituer le droit à la force, de façon qu'il n'y a de force que la sienne, et qu'elle ne l'emploie qu'à conserver et à protéger.

Qu'est-ce donc qui règle les rapports sociaux? la justice.

Avec les mots *justice* et *bienfaisance* vous avez tout ce qui constitue la société : il ne s'agit plus que d'entendre le sens de ces mots, et d'en faire l'application.

La morale est la science sociale; elle veut que nous ne fassions aux autres que ce que nous voudrions qui nous fût fait, c'est-à-dire qu'elle nous interdit le mal; mais la bienfaisance exige davantage, elle nous prescrit le bien, et sa dernière expression est : *Faites du bien à vos ennemis, bénissez ceux qui vous maudissent.*

Il ne faut pas de plus savantes théories pour gouverner le genre humain, et c'est dans des formules aussi simples que brèves, que toute la science sociale se trouve renfermée.

—————

CHAPITRE XXIX.

Idée générale de la Vérité *.

La vérité n'est guère, pour les hommes, que ce qu'ils admettent comme tel. Sous ce point de vue, avec l'aide de la foi, qui n'examine point et d'un enseignement erroné, ce qu'on nomme *la vérité* peut devenir le mensonge. Qui empêchera l'Indou, le Juif, le Mahométan, de soutenir, chacun de son côté, que ses croyances seules sont vraies? Mettez-les face à face avec leurs préjugés, ils s'extermineront plutôt que de s'entendre. Au milieu de ce conflit d'idées fanatiques, où sera la raison? que deviendra la vérité? L'Indou, le Juif, et le Mahomé-

---

* Je n'écris point pour ceux qui savent, j'écris pour ceux qui ne savent pas. Mon but est de mettre en circulation des idées peu connues, qui importent à la civilisation exploitée et mal comprise. J'écris pour mettre les hommes en garde contre le goût inouï qu'ils ont pour les non-sens.

tan, n'admettront pas un *Dieu-homme*, crucifié : ils soutiendront que cette croyance est folle, si elle n'est pas impie ; le chrétien regardera tous les autres comme des malheureux dévoués à la damnation ; il les plaindra peut-être, mais voilà tout ce qu'il pourra faire pour eux, à moins que par les bûchers ou les baïonnettes il ne les force à entrer *(compelle intrare)*, ce qui s'est vu quelquefois.

La vérité n'est donc pas ce que l'ignorance ou les passions appellent *la vérité*, soit en théologie, soit dans les sciences ; c'est ce qui est rationnel ; ainsi il faut toujours en revenir à la raison, sous peine de ne savoir où l'on va.

La vérité, comme principe, se fait connaître par ses conséquences. Une conséquence peut faire retrouver son principe. Ainsi l'ordre qui règne dans la nature, l'absence de toute nouvelle création, le renouvellement périodique des mêmes phénomènes, la filiation perpétuelle des races et des espèces ; tout nous indique une intelligence motrice et conservatrice de ce qui existe, et exclut à jamais l'intervention du hasard. L'ordre suppose un agent d'ordre, et cet agent c'est la Divinité *.

---

* Dieu se révèle au monde par ses œuvres. L'ordre qui règne dans tout l'univers ne peut être produit par le hasard, dont

L'homme a deux manières de connaître la vérité. L'une, au moyen du témoignage de ses sens (et les connaissances qu'il obtient de cette façon sont ce qu'on appelle *vérités palpables*) : l'autre, au moyen du raisonnement. Un triangle ne peut avoir que trois côtés ; les rayons d'un cercle sont égaux ; voilà des vérités que l'œil ou la main vérifient ; elles sont incontestables. Mais le fluide électrique, comment le connaissons-nous ? Savons-nous ce que c'est que la matière électrique ? nous faisons-nous une idée du vide ? cependant nous sommes certains qu'ils existent, qu'ils peuvent exister. Dieu existe aussi : que savons-nous sur la nature de Dieu ?

La vérité absolue est le secret de la puissance divine : mais une déduction bien tirée d'un principe vrai est encore la vérité, quoiqu'elle puisse n'être qu'un fait purement moral. En tant qu'elle est à la portée de l'esprit de l'homme, la vérité ne peut être

---

l'essence est la confusion. Il y a donc un agent d'ordre. Or, la grandeur du spectacle qu'il a mis devant nos yeux, nous prouve qu'il est infiniment sage, infiniment puissant, infiniment intelligent. Nous supposons par analogie et avec beaucoup de raison qu'il est infiniment juste, en un mot, l'ensemble de tout ce que nous appelons *perfection*. Nous n'avons pas d'autre manière de connaître Dieu, dont *aucun mortel n'a soulevé le voile*, selon la belle expression des Égyptiens, appliquée à la nature.

le partage que de ceux qui ont le coup d'œil juste et le jugement sain.

De ce que la vérité est difficile à connaître, en faut-il conclure que l'homme n'est pas fait pour la vérité; que toute intelligence qui peut recevoir une idée fausse n'aurait pas le pouvoir d'admettre une idée vraie? Qui a le droit de porter un pareil jugement et de l'exploiter à son profit? Est-il dans les attributions de quelqu'un de nous interdire l'usage de nos facultés et d'amoindrir notre destinée? La raison doit être donc notre seul régulateur : elle ne connaît aucune entrave légale; elle n'a de bornes que ses propres forces.

Mais, dira-t-on, l'intelligence de l'homme est un instrument imparfait, et l'erreur est le plus souvent le résultat de ses opérations. Sans doute, si vous ne considérez qu'un individu; mais où est le grand mal qu'une personne se trompe quand il ne manque pas de gens pour le lui démontrer? Le principe que nous défendons, c'est que l'homme ne peut être gêné dans l'exercice de sa pensée; qu'il a le droit de les étendre indéfiniment; qu'aucun autre homme n'est apte à le renfermer dans des limites qu'il n'aura pas acceptées, et qu'on ne doit répondre à un raisonnement que par un raisonnement.

En rendant à l'intelligence toute sa liberté, la

vérité surnagera toujours sur l'abîme du mensonge,
et la somme des connaissances humaines sera nécessairement augmentée de tout ce qui demeurera
constaté.

Le progrès social n'en demande pas davantage :
discussion paisible et bonne foi. Avec ces deux préalables, qu'elle n'a point encore obtenus, l'espèce
humaine est sûre de son avenir.

CHAPITRE XXX.

De la Conscience, comme sentiment ou instinct.

La conscience n'est pas une voix venue d'en haut, comme on le suppose, pour nous reprocher nos mauvaises actions et pour nous livrer au tourment du remords ; ce n'est pas une punition céleste, c'est notre bon sens qui nous juge d'après les données qui lui ont été fournies par l'éducation *.

Un homme a beau se livrer à ses mauvais penchants, par incitation extérieure ou par habitude, il est rarement assez abruti pour ne pas comprendre

---

* Il n'est possible de s'entendre qu'avec ceux qui aiment la vérité et qui la cherchent de bonne foi. Presque tout le monde a des opinions dont il ne veut pas démordre : ainsi on trouve beaucoup de gens qui cherchent à convaincre, mais peu qui aiment à être convaincus. Il y a une raison qui explique ces remarques psychologiques, c'est que peu de gens ont assez d'humilité pour avouer qu'ils ignorent quelque chose, ou qu'un autre a plus de savoir qu'eux.

l'odieux de ce qu'il fait. Dès lors il y a combat en lui ; et s'il se laisse entraîner, c'est qu'il est faible. Mais cet état de faiblesse morale peut le rendre impuissant, sans lui ôter le jugement.

Si la conscience était un don particulier, un avertissement du ciel, elle n'aurait qu'une manière de procéder ; elle serait toujours la même. L'expérience prouve qu'il n'en est rien.

Lorsque les préjugés sont bien enracinés, ils ont beaucoup d'action sur la conscience : ils la tourmentent, comme pourrait faire la vérité. La conscience n'est donc pas un guide parfaitement sûr.

Les sauvages tuent leur père et le mangent par amour filial, prétendant que le tombeau le plus honorable pour un vieillard est l'estomac de ses enfants ; les Parsis épousaient leur sœur sans que la conscience leur apprît qu'ils commettaient un crime, appelé *inceste* ; la conscience d'un protestant et celle d'un catholique décideraient-elles de même sur le culte de la Vierge, sur la présence réelle, en un mot, sur le respect dû à la sainte hostie ? La conscience n'est donc, le plus souvent, que la voix d'un préjugé * : elle n'a de valeur positive que quand elle

---

* Nous croyons devoir faire remarquer que *préjugé* ne veut point dire nécessairement *erreur*, comme on pourrait le supposer, d'après l'emploi qu'on fait de ce mot : mais qu'il signifie

est dirigée par une haute raison. Aussi dit-on :
conscience aveugle, conscience éclairée. Ceci suppose
que la conscience peut être modifiée par le temps,
par le lieu, par la science. Il lui importe avant tout
d'être en contact avec la vérité : alors l'enseignement moral lui sera extrêmement favorable *.

jugé d'avance. Ce que l'éducation nous a appris, nous le tenons pour vrai, jusques à preuve du contraire.

  * Qu'on se garde de penser que nous voulions nier, quoique
nous ayons essayé de l'expliquer, le pouvoir du sentiment intérieur, appelé *conscience!* Ce pouvoir est heureusement très-
grand, et il est le premier juge du coupable. Nous affirmons
seulement qu'il n'est infaillible que lorsqu'il est produit par
une haute raison. Dans aucun cas, il n'est qu'un jugement que
nous faisons de nous-mêmes, avec bonne foi et sans complaisance.

CHAPITRE XXXI.

Nécessité et Excellence du travail.

On peut examiner le travail sous le rapport de l'intérêt individuel et sous le rapport de l'intérêt général.

Sous le rapport de l'intérêt individuel, le travail nourrit l'homme et donne à vivre à sa famille; il occupe ses loisirs, absorbe sa pensée, et ne lui laisse pas le temps de faire le mal. Son pouvoir est donc tout à fait moralisant.

L'homme, fatigué par un exercice continu, n'a besoin que de repos: il s'endort le soir avec délices, parce qu'il a besoin de réparer ses forces, et que sa conscience est tranquille.

Considéré au point de vue général, le travail est ami de l'ordre et de la paix : il donne lieu à des échanges, augmente la fortune publique, assure les jouissances nécessaires au bonheur de tous; il est donc un besoin social.

Le pouvoir du travail sur l'homme est si grand, qu'il est employé comme remède curatif dans le traitement des aliénés. Il est aussi un remède curatif contre les vices du cœur : nous n'en voulons pas d'autres preuves que les succès qu'il a obtenus dans les maisons de correction destinées au redressement des enfants tombés dans le vice.

Ainsi l'emploi des moments est une chose importante à fixer, quand on tient à rendre les hommes meilleurs. Mais le travail étant de deux natures, c'est-à-dire corporel ou intellectuel, il est bon d'en faire le mélange de manière à ce que l'un délasse de l'autre, et qu'ils ne laissent presque rien à l'oisiveté. L'homme, quand il ne fait pas de bien, fait presque toujours beaucoup de mal : il faut empêcher cette alternative.

Il importe donc beaucoup de fournir des primes à l'activité et de la faire valoir comme une des meilleures dispositions qu'un être bien organisé puisse présenter.

CHAPITRE XXXII.

L'Enseignement est une nécessité sociale.

Platon, dans sa *République*, s'occupe des moyens à employer pour former de bons citoyens : à cet égard il semble beaucoup compter sur les effets de l'éducation (liv. VII), prétendant (ch. IX) qu'il y a toujours de grandes ressemblances entre l'État et les individus. Aussi veut-il que l'éducation soit commune à tous, et donnée au nom du pays.

Il y a au moins une éducation qui doit être la même pour tout le monde, soit qu'on vive sous une république, soit qu'on obéisse à une monarchie; c'est l'éducation morale. Indépendamment des idées qui prédominent, il faut que chacun connaisse ses droits ou du moins ses devoirs. L'éducation est donc une nécessité sociale.

Dès lors, pour qu'elle puisse être régulière, suffisante, uniforme, il faut qu'elle soit soumise à une seule direction et à des réglements pareils. Ceci nécessite l'intervention du pouvoir gouvernemental.

En effet, si les mêmes doctrines ne sont pas enseignées, si chacun voit à sa manière ou ne sait que ce que lui auront appris ses réflexions, il n'y aura pas d'ensemble dans les croyances capitales; il y aura même des gens qui ne sauront rien du tout. Cette manière d'être ne favorise aucunement la marche des affaires publiques qui ont besoin de l'assentiment de l'opinion, et qui ne vont jamais bien sans cela.

D'ailleurs, demanderez-vous compte à un individu de ses infractions à la morale, s'il ne connaît aucun principe de morale, et de son peu de respect pour les lois de son pays, s'il n'a pas la moindre notion de ces lois? Je sais qu'après promulgation, toute personne est supposée connaître une loi quelconque; mais je sais aussi qu'il n'en est rien, et qu'on ne fait véritablement en cela, qu'une vaine supposition. Une supposition suffit-elle, en cas pareil, pour se mettre en règle envers des concitoyens? Oserait-on leur appliquer la punition d'une ignorance dont ils ne sont pas cause?

Formons donc de bonne heure le jugement des hommes en les familiarisant avec la vérité. Il y a toujours des rapports plus ou moins directs entre

une bonne loi et les principes absolus de la morale :
les esprits exercés en saisiront facilement les analo-
gies. Dans cet état des choses nous serons autorisés à
nous montrer exigeants, car on ne pourra pas pré-
texter cause d'ignorance.

Plusieurs puissantes raisons se réunissent pour
que l'État demeure entièrement chargé de l'éducation. La première, c'est que seul il peut placer l'enseignement à la hauteur philosophique qui lui convient et le soustraire à des influences funestes ; la
seconde, c'est qu'il est intéressé à trouver des ap-
probateurs lorsque ses intentions administratives
sont bonnes, et que pour qu'on l'approuve, il faut
qu'on puisse le comprendre ; la troisième, c'est que
des hommes essentiellement honnêtes et éclairés aiment l'ordre, le travail, et sont faciles à gouverner.

Il existe quelques principes avec lesquels les
hommes d'État modernes ne sont pas assez fami-
liarisés : c'est qu'ils doivent aux peuples, en retour
du pouvoir et de tout l'or qu'il leur donne sous la
forme de l'impôt, l'éducation, du pain ou du travail, et un asile en cas d'infirmité. Mais ces questions ont été à peine effleurées, et n'ont pas encore
pris leur rang dans la série des vérités qu'il importe
de mettre en pratique. Pourquoi cela ? Il y a plus de
deux mille ans que Platon disait : *Celui qui gou-*

verne doit penser aux *intérêts des gouvernés et non aux siens* : mais il y a plus de deux mille ans qu'il ajoutait : *C'est le contraire qui arrive.*

Sous ce rapport, nous n'avons pas avancé d'une ligne, depuis Platon; et sous beaucoup d'autres, nous avons si fort reculé que nous sommes obligés de puiser dans ses théories pour venir en aide à notre indigente et orgueilleuse civilisation.

CHAPITRE XXXIII.

Le succès de l'Enseignement intellectuel indique ce que nous pouvons espérer de l'Éducation morale.

Nous avons, dans le commencement de cet ouvrage, remarqué que l'éducation est une sorte de gymnastique pour l'esprit : les miracles que celle-ci produit pour le développement de la force physique, l'autre les obtient pour l'intelligence. Mais, de même que les bras deviennent forts, sans que les jambes fassent aucun progrès, quand celles-ci ne sont pas exercées ; de même l'intelligence peut être accrue, sans qu'il en résulte aucune amélioration du sens moral. C'est ce que démontre l'état de la société actuelle.

Aussi, que demandons-nous? que l'intelligence soit rabaissée au niveau du sens moral? non ; que le sens moral soit élevé à la hauteur de l'intelligence ; et nous disons que pour obtenir ce résultat il n'y a qu'à vouloir et à s'en occuper.

Mais cette question offre des difficultés qui sont en dehors de sa nature. Pour que l'homme comprenne ce qu'il doit aux autres, il faut qu'il comprenne ce qu'il se doit à lui-même : il faut qu'il cherche la vérité, dans tout ce qui l'entoure, ou qu'on la lui montre. Si son esprit n'est pas exercé à démêler les véritables rapports qui existent entre les choses, si ces facultés sont volontairement retenues dans un état d'infirmité, comment pourront-elles se montrer fortes?

Il y a donc urgence de créer un plan général et bien coordonné d'éducation pour la société tout entière. Ce qui existe est mauvais : tout le monde est d'accord sur ce fait. Faute de principes qui les conduisent, les hommes du pouvoir ne font rien de ce que les nations attendent d'eux. Le faux est partout, et personne ne sait ou ne veut savoir ce qu'il doit aux autres. Quand l'opinion publique signale son mécontentement, on cherche à guérir le mal qui la travaille par des palliatifs, et non par de véritables remèdes. C'est qu'on ne veut pas voir la vérité, qu'on se fait illusion, et qu'on aime cet état mixte et décoloré, qu'on appelle *juste milieu*[*].

---

[*] Ce mot est prodigieusement discrédité parce qu'il a été dit sans bonne foi ou sans conviction. Certainement celui qui

Eh! pourquoi toujours des demi-mesures? si c'est pour ne contenter personne, assurément on peut réussir; mais c'est prendre le problème social au rebours. Il est impossible de gouverner paisiblement aujourd'hui, en refusant de satisfaire les besoins nouveaux, qui ne se trouvent point dans le programme de cette science mensongère appelée *la politique*.

Tout ce que nous avons écrit depuis nombre d'années, tend à démontrer que l'ancienne société s'est fourvoyée: nous essayons ici de la remettre sur la voie. C'est à l'erreur ou au mensonge que nous

veut ménager sa santé doit se tenir dans un *juste milieu*, en se donnant ce qui lui est nécessaire et pas au delà : celui qui doit juger, et qui pourrait se trouver disposé en faveur de l'une des parties, doit se tenir en garde contre cette disposition et garder un *juste milieu*. Mais quand le droit lutte contre l'iniquité, autrement dit la vérité contre le mensonge, s'agit-il de *juste milieu*? Un *juste milieu* entre la peste et la fièvre jaune serait-il admissible? C'est cependant à des cas tout à fait analogues que se rapportent la plupart des jugements politiques. Qu'on soit toujours modéré, c'est très-bien; mais ériger le *juste milieu* en système, et vouloir l'appliquer à tout, c'est commettre une erreur morale, c'est agir pour soi et non pour la vérité; c'est de l'égoïsme. C'est une singulière justice que celle qui casse un *bras* à l'un et une *cuisse* à l'autre pour me servir d'une façon de parler proverbiale, et qui croit mettre ainsi deux plaideurs d'accord! Cela peut être commode, mais ce n'est pas de l'équité.

avons attribué la direction fâcheuse prise par la civilisation : voilà pourquoi nous avons cherché de
nouveaux points de départ que nous croyons avoir
trouvés dans les *réalités*.

Assez longtemps on a cru que l'homme ignorant
avait besoin d'être bercé par des mensonges : on a
usé et abusé de cette croyance, qui n'est plus aujourd'hui qu'un calcul grossier. Le mensonge finit par produire de la méfiance et de l'irritation.
Qu'on ne s'étonne donc pas s'il y a trouble dans les
esprits, haine dans les cours, et découragement
presque partout. Il y a ce qu'on a voulu qu'il y eût,
ce qu'il y aura toujours, avec des fictions plus ou
moins absurdes.

Ces considérations doivent nous attacher à la vérité : propageons-la, demandons-lui ses conséquences naturelles, alors les relations de tout genre parmi les hommes seront extrêmement simplifiées. La
chose est difficile, dira-t-on? Bien moins qu'on ne
le pense, sans doute ; mais quand cela serait, sommes-
nous sur la terre pour ne nous occuper que de choses
vulgaires? Le refus de mettre la main à l'œuvre,
quand tout réclame une réforme, trahirait quelque
chose de pire que l'impuissance. Ne donnons pas au
peuple le désir de formuler ce qu'il a déjà peut-être
dans la pensée.

La régénération sociale ne peut se compléter que par l'étude des principes et la déduction très-explicite de leurs conséquences. C'est vers la pratique qu'il faut savoir tout ramener : l'effort constant de la philosophie doit être de tout analyser au point de vue social : quand les rapports d'équité seront bien connus, les hommes parleront le même langage, et il leur sera possible de s'entendre.

CHAPITRE XXXIV.

Prédication laïque, sans aucun mélange de théologie.

Nous avons établi précédemment que le sentiment religieux et le sentiment moral étaient des
choses très-différentes ; que le second devait être sé-
paré du premier ; qu'il avait pu être utile autrefois
de les confondre pour donner plus de pouvoir à
l'enseignement; mais qu'attendu le délaissement volontaire que le clergé fait d'une de ses plus brillantes
prérogatives, après en avoir abusé dans un intérêt
personnel, il était temps de rendre à la société l'instruction qui lui manque, et de la lui rendre par
le moyen des laïques.

Nous avons vu ce que les institutions religieuses
ont fait de la raison humaine, et comment elles
avaient été fidèles au culte de la vérité; il nous est
permis de croire que nous n'avons plus rien à dire

sur cette matière, et qu'il s'agit maintenant d'expliquer notre système de prédication *.

D'abord, nous remarquerons, en passant, que l'intervention divine, si souvent invoquée, et jamais démontrée, ne peut avoir lieu, comme l'entendent les théologiens; parce qu'il arrive à chaque instant des faits qui compromettraient la Providence et qui feraient douter de son impartialité; qu'ainsi il est sensé de croire qu'elle se contente de donner l'impulsion générale, laissant, par suite, marcher les événements selon les causes qui les ont produits ou les accidents qui les traversent. A quoi bon, dès lors, mêler Dieu dans toutes les affaires de la terre, et le rendre responsable des abus que l'ambition humaine a faits de son nom!

Les principes sociaux étant le résultat ou les conséquences naturelles de l'association, ou, si l'on veut, de l'agglomération des hommes, ne sont qu'un fait purement humain. Ils peuvent être parfaitement expliqués, sous ce point de vue; et comme leur importance grandit tous les jours, qu'ils ne

* Qui diable s'est jamais avisé, pour mieux enseigner les mathématiques ou toute autre science positive, d'y mêler les rêveries de l'imagination! C'est pourtant ce qu'ont fait les théologiens dans leur enseignement moral. Pour faire accepter quelques vérités, ils les ont saturées de mensonges.

peuvent plus rester dans le clair-obscur où on les a tenus relégués pendant tant de siècles, il s'ensuit qu'on doit en faire un enseignement spécial.

Il ne peut donc être question maintenant que d'organiser cet enseignement. Dans notre second volume de la *Philosophie de la Politique*, nous avons jeté quelques mots sur cette organisation : il convient de leur donner ici de l'extension.

Par la manière dont il agit, le clergé paraît lui-même avoir fait son choix. Il restera chef de la prière et enseignera le dogme, c'est l'objet de sa prédilection ; mais comme l'enseignement moral est trop important pour qu'on le place en seconde ligne, et qu'il n'en soit question que d'une façon accidentelle, d'autres s'acquitteront de cette mission. Qui empêche que des hommes haut placés par le talent et par la fortune honorent, comme nous l'avons déjà proposé, leur caractère en se livrant à un enseignement gratuit? Pour arriver aux hautes connaissances qu'exige un pareil professorat, il faut avoir le loisir que donne la fortune; car les études philosophiques ne conviennent guère à ceux dont le temps est un capital productif, et qui vivent du travail de leurs mains.

Soient donc un certain nombre d'hommes assez dévoués aux idées de progrès pour accepter des fonctions honorables ; l'enseignement de l'âge viril devra se faire le soir, après les heures de travail, dans des locaux préparés en conséquence. Il y aura liberté de la part des auditeurs, et il sera nécessaire que le charme répandu sur l'instruction les attire. Il faudra de plus que les autorités locales, convaincues de l'utilité d'un pareil sacerdoce, l'entourent de leur bienveillance et de leur protection. Sans cette condition indispensable, il serait peut-être imprudent de compter sur un succès complet.

Dans cette émission de la lumière philosophique, la part du peuple serait une connaissance de ses droits et de ses devoirs, acquise presque sans s'en apercevoir et comme un délassement ; et la part du professeur, le respect qui s'attache aux choses honnêtes et aux personnes utiles. Vienne le temps des élections générales, où le peuple fera acte de souveraineté, et où la corruption sera laissée à la voierie ; l'on verra si c'est en vain que des hommes d'élite se seront montrés dévoués, bienfaisants, et instruits !

Je veux qu'on soit désintéressé et sans aucun amour pour la renommée ; encore est-il glorieux de rester dans la mémoire de ses concitoyens, et de mériter leur estime : il n'y a guère personne d'insensible à un pareil honneur. On peut donc supposer que les sujets ne manqueraient pas pour mener à bien l'œuvre que nous avons signalée. Où serait alors la difficulté? dans l'insuffisance de l'instruction. Mais on pourrait l'acquérir : il ne faut pour cela que des écoles spéciales.

CHAPITRE XXXV.

Ecoles normales de Morale.

A moins qu'on ne prouve qu'il vaut mieux savoir le grec et le latin, la détestable philosophie
scolastique, ou toute autre science de collége, sans
aucune valeur dans le monde, que les devoirs qui
font le bon citoyen et l'honnête homme, on sera
forcé de convenir qu'une institution normale serait
très-bien employée à atteindre le but que nous pro-
posons.

La question d'argent ne pourrait être admissible
dans un cas pareil ; car lorsqu'on trouve des espéces
pour accomplir des projets futiles, on n'en saurait
manquer pour les choses du plus haut intérêt. Il
faudrait seulement régler le programme des études
et lui donner toute l'ampleur que comporte un sujet
pareil

Si j'étais obligé d'organiser un service d'enseignement moral, voilà à peu près comment je voudrais que mes élèves parlassent à leur auditoire.

CHAPITRE XXXVI.

Points principaux des Prédications.

« MES CONCITOYENS.

« Je ne suis point chargé d'une mission divine.
« Homme simple et citoyen dévoué, comme vous,
« j'apporte à la société humaine le contingent de
« mon travail. La seule particularité qui nous dif-
« férencie, c'est que votre labeur demande l'emploi
« de la force musculaire, et que le mien est tout
« intellectuel.

« Permettez-moi donc de causer avec vous et de
« vous communiquer mes pensées.

« Le rêve constant de la philosophie est de mener
« la société au bonheur par le progrès ; non que le
« progrès puisse être indéfini, la nature humaine
« n'a pas le droit d'être aussi ambitieuse, mais par

« des améliorations comprises, souhaitées, et dont
« nous sommes encore bien éloignés.

« C'est une prétention singulièrement exagérée
« que celle du siècle présent, formulée par certains
« organes du pouvoir! A les en croire, la civilisa-
« tion actuelle est arrivée à une rare perfection.
« Pauvres aveugles! s'ils se contentaient de parler
« d'un mieux, nous avouerions que ce mieux s'est
« opéré par une marche lente et presque insensible,
« malgré les obstacles sans nombre dont on a hé-
« rissé son chemin; mais nous croire arrivés, lors-
« que nous sommes à peine en route,

« C'est prendre l'horizon pour les bornes du monde, »

« ainsi que l'a dit un poëte.

« Je ne viens point flatter vos goûts et allumer
« votre imagination par des fables plus ou moins in-
« téressantes; je viens vous montrer la vérité toute
« nue, je viens vous entretenir de toutes les réalités
« sociales, afin que vous connaissiez vos droits pour
« les soutenir, et vos devoirs pour les mettre en
« pratique.

« Étudions l'homme ensemble, étudions-le à fond,
« car c'est sur des demi-connaissances, sur une cer-
« taine confusion dans les idées, que le sophisme
« bâtit l'édifice de ses mensonges, et qu'il travaille

« sans fin et sans relâche à établir le triomphe de
« l'intérêt personnel. »

C'est avec cette franchise de cœur et d'expression
que je me présenterai devant mes semblables, et
que je leur enseignerai ce qu'ils ont besoin de savoir. Mon point de départ serait l'aveu que l'homme
primitif a été créé complétement libre, comme l'oi-
seau qui fend les airs, et que c'est à la société qu'il
doit les limites de la liberté absolue. Ainsi la société
ou l'état social se présenterait d'abord par un mauvais côté.

Mais en examinant plus attentivement la question, il serait facile de se convaincre que la res-
triction vaut mieux que la faculté illimitée, et que
l'homme ne pourrait pas vivre autrement qu'en
société. La preuve de ce fait ressortirait de l'examen de la situation où l'homme se trouverait plongé
par la vie isolée.

En effet, supposons qu'une population frappée
des inconvénients qu'entraînent les abus de l'état
social, bien plus que l'état social lui-même, se décide à se remettre sous l'empire de la loi naturelle,
Sans compter l'état de guerre qui renaîtrait par la
réhabilitation du droit du plus fort, il en résulterait, comme suite de l'isolement, la destruction de
toute industrie spéciale. Alors plus de manufactures,

plus de corps d'état : il faudrait que chaque homme satisfît à tous ses besoins. Il y aurait égalité, sans doute, après partage ; mais comme un seul individu ne peut être tout à la fois agriculteur, maçon, charpentier, menuisier, serrurier, tisserand, tailleur, cordonnier, etc., etc., il en résulterait une perte de temps infinie pour confectionner de détestables ouvrages. Alors on arriverait à n'avoir pas le quart de ce qui est jugé indispensable, et ce qu'on aurait, serait à peine ébauché. Supposez maintenant une certaine durée à cet état de choses : ne verrez-vous pas nécessairement les huttes prendre la place des maisons, les peaux de bêtes remplacer les vêtements, la famine succéder à l'abondance, et enfin une population rachitique et misérable devenir de plus en plus rare, et se livrant, sans règle et sans frein, à tous les instincts naturels?

Ce serait, je le suppose, une spéculation bien déplorable et qui n'atteindrait pas le but de ceux qui voudraient ainsi faire le bonheur de l'humanité. L'égalité produite, non pas en améliorant la condition des petits, mais en détruisant le bien-être des grands, serait un plaisir de vampire : il ne s'agit pas de rabaisser ceux qui sont en haut, mais de hausser ceux qui sont en bas.

Si l'isolement de l'homme est destiné à produire

les effets que nous venons de signaler, il en faut conclure que l'état social est devenu une nécessité pour lui ; qu'il lui doit tout ce qu'il a de bon, et qu'il lui devra certainement un jour bien davantage. Cela nous autorise à déclarer que la société est la seule condition qui convienne à l'espèce humaine.

Dès lors il n'est pas difficile d'induire que nous devons accepter les principes sans lesquels la société n'existerait pas.

Faut-il dire maintenant quels sont ces principes?

La pensée sociale tout entière repose sur la signification de ces deux mots : *droits* et *devoirs*.

Les droits sont la liberté, renfermée dans les limites posées par la loi. Les droits sont égaux pour tous les citoyens : 1º dans la part de souveraineté qui les compète, comme membres de la nation, seule et unique souveraine ; 2º dans la protection que leur doit le pouvoir, délégué par la nation. Les devoirs sont d'aimer, de servir son pays, et d'être juste envers tout le monde.

Dans un ordre moins élevé d'idées, nous serions amenés à examiner la cause de l'infériorité des conditions, de la pauvreté, de la richesse, de la propriété ; questions sociales qui ont besoin d'être bien comprises, sous peine de porter le trouble où devraient régner le calme et l'harmonie.

L'infériorité des conditions est établie par la fortune. Le talent devrait y être aussi pour quelque chose, mais nous devons l'avouer à la honte de l'humanité, les effets matériels de la fortune la frappent bien plus que les qualités de l'esprit. C'est, quoi qu'on en puisse dire, un souvenir du culte du veau d'or, établi jadis chez les Hébreux. La richesse a pour effet naturel d'exciter l'envie : l'envie murmure, et ne tarde pas à se demander pourquoi elle est déshéritée des avantages possédés par d'autres, qui ne lui sont nullement supérieurs en qualités. De là, à une accusation formelle contre les vices de l'état social il n'y a pas loin ; et cependant tout cela n'est qu'une suite de *mal-jugés*, d'erreurs, de mauvais raisonnements.

La fortune et la pauvreté sont des accidents de la vie sociale : la fortune, que nous ne distinguerons plus de la propriété, parce que ces deux mots ont des relations intimes qui en font ressortir des conséquences analogues ; la fortune, disons-nous, s'acquiert par transmission : par le travail, l'économie, et par une certaine aptitude ou capacité particulière que donne la nature.

Sous ce point de vue, la fortune n'a rien d'ex-

clusif et ne naît point d'un privilége social. Elle est
le résultat de certaines circonstances, dont quelques-
unes dépendent des individus, et dont quelques autres ne dépendent de personne. On est riche, parce
qu'on a été habile, diligent, heureux, économe,
ou parce qu'on a hérité d'un père qui a été tout
cela. L'habileté ne se donne point : c'est un bienfait
de l'organisation, résultant de la volonté de Dieu,
avec lequel on ne conteste jamais. L'hérédité est un
droit des enfants auquel il est de toute justice que
les étrangers ne puissent point se substituer ; le bonheur n'est pas un acte de la volonté ; restent les
qualités personnelles qu'on peut se donner par un
calcul judicieux, et par un travail moral sur soi-
même ; celles-là, quand elles seraient séparées de
toutes les circonstances indépendantes, suffisent
pour honorer celui qui les possède ; et si elles ne le
portent pas au point de richesse qui excite la jalousie du public, elles le tiennent dans une condition d'aisance qui a bien aussi son mérite.

Ainsi, les murmures du pauvre ne sont pas fon-
dés. Sa position n'étant provenue du fait de personne, il subit sa destinée telle que Dieu la lui a
faite ou telle qu'il se la fait lui-même. Qu'il ne se
plaigne donc pas de sa pauvreté, car on lui répon-
drait : Travaille. Personne n'est responsable de l'in-

habileté de tes parents ou de leur inconduite. Tâche d'être heureux, sois économe et bon travailleur ; mérite l'attention de la Providence ; et quand tu resterais seul, réduit à ton seul secours, ne perds point courage ; car beaucoup sont arrivés à la fortune, qui sont partis de plus bas que toi.

En général, les plaintes des pauvres viennent d'un esprit de convoitise. Sans se rendre compte de leur pensée, ils ne voient que les jouissances qu'ils envient, et dont ils sont privés ; ils ne s'aperçoivent pas que sous un désir naturel se cache une tentation de dépouiller autrui par un sentiment d'égoïsme.

Je sais que les riches devraient et pourraient modifier une pareille tentation par l'exercice de la bienfaisance ; que ce serait un devoir pour eux ; mais le pauvre doit se souvenir qu'il n'a droit d'exiger que la justice. On peut attendre la bienfaisance, on peut l'espérer, l'implorer ; on ne lui commande pas. La prescription de faire le bien est au-dessus des principes sociaux dont l'autorité se borne à défendre le mal : elle part d'une philosophie plus élevée, et répond à une période de civilisation qu'il ne faut pas confondre avec les éléments primitifs.

CHAPITRE XXXVII.

Suite du Chapitre précédent.

L'HOMME qui n'accepte pas les bienfaits de l'état social, et qui se place en dehors des devoirs imposés par cet état, se met en lutte contre l'intérêt de tous. Si ses actes sont nuisibles, comme le choix qu'il a fait ne permet pas d'en douter, il s'expose à voir tomber sur sa personne l'action de la force, dirigée par la justice. Alors sa destinée n'est pas douteuse : il est impossible de croire qu'il ne succombera pas.

C'est à une chute certaine qu'on arrive par la révolte : il y a donc nécessité d'accepter la société, non pas tout à fait comme elle est aujourd'hui, avec ses nombreux abus, mais telle qu'elle serait si elle subissait les conséquences de ses principes. L'acceptation une fois consentie, il en découle une nouvelle nécessité, celle d'être probe et travailleur. Il n'y a pas de meilleure position à prendre, dans son propre intérêt, et dans celui des autres. Tout esprit rectifié par des études morales ne peut manquer de le reconnaître; et voilà pourquoi les études morales sont d'un si grand prix.

CHAPITRE XXXVIII.

Nouvelle suite, indiquant des points de prédication

Les devoirs sont tracés implicitement dans cette formule · « Ne fais pas à autrui ce que tu ne voudrais pas qui te fût fait, » et dans les mêmes termes devenus affirmatifs, en supprimant la négative. Il s'agit seulement de les en faire sortir.

Il n'est personne qui ne veuille être secouru dans un grand malheur, il faut donc secourir le malheur des autres; personne qui veuille être volé, assassiné, il faut donc se préserver de ces crimes. En suivant la même induction, tout mal doit être arrêté par la seule présence d'une maxime bien comprise. Et qu'on ne s'y trompe pas! c'est là le régulateur unique de la conduite de l'homme : il suffit pour en faire un homme vertueux.

Rappelez donc ce grand principe social, jusques à satiété: répétez-le sans cesse, avec des applications toujours nouvelles ; c'est le seul moyen de le rendre familier, et d'en faire la base de toutes les actions des hommes. Le dernier degré de la civilisation ne sera atteint que lorsque vous en serez arrivés là.

Les rapports de l'homme avec ce qui constitue son espèce sont nombreux : il est fils, frère, père, citoyen, voisin ; ses relations sont de famille, de voisinage, de commerce. Sous tous ces noms différents, et sous quelque aspect qu'il se considère, il retrouve partout la ligne de ses devoirs. Comme fils, il doit aimer et respecter les auteurs de ses jours ; comme frère, tout ce qui touche son frère l'émeut et l'intéresse ; comme père, il doit élever sa famille avec amour et lui donner de bons exemples ; comme citoyen, il doit être dévoué ; comme voisin, il faut qu'il soit bon et juste ; et lorsque les passions orageuses viendront assiéger son cœur, que l'ambition des richesses fera vibrer les cordes de son âme ; il se souviendra qu'il doit respecter la fille, la sœur, et la femme d'autrui, parce qu'il voudra à son tour qu'on respecte sa fille, sa sœur, ou sa femme : il ne se permettra aucun gain illicite, aucune action frauduleuse, aucune retenue injuste, parce qu'il ne voudra subir aucun de ces méfaits.

Mais tout cela serait la perfection, si on l'obtenait d'une manière absolue ! Sans porter aussi haut nos espérances, nous pouvons nous en rapporter à la puissance des mauvaises inclinations pour qu'il n'en résulte qu'un bien partiel. Il y aura toujours des natures indomptables, comme il y aura des fous et des idiots : notre seul espoir, et nous le croyons bien légitime, est de diminuer la somme du mal et d'augmenter la somme du bien.

Nous pensons que beaucoup pèchent par ignorance, sans aucune méchanceté ; que beaucoup d'autres tiennent le milieu entre le bon et le mauvais principe ; que certains sont entièrement mauvais, comme quelques-uns sont complétement bons. Dans la conviction qui nous lie à cette croyance, nous n'écrivons pas pour les natures d'élite : celles-là ont assez de leurs inspirations ; mais nous écrivons pour ceux qui ignorent, pour ceux dont l'opinion est encore flottante, et qu'un rien peut ramener dans la bonne voie. Quant à ceux qui ont été doués d'un naturel pervers, il est bon au moins de leur faire connaître qu'ils se fondent sur des suppositions absurdes ; que leurs calculs sont pleins de faussetés, et qu'ils s'abusent en supposant qu'une exception heureuse laissera leurs turpitudes dans les ténèbres. Tout se sait, rien ne peut demeurer inconnu ; et le châtiment est toujours, tôt ou tard, la rémunération du crime.

On voit que dans les matières que nous venons d'effleurer il ne manque pas de thèmes de méditations, et qu'ils se retrouvent tous en germe dans la philosophie des Évangiles. La morale chrétienne est donc, comme nous l'avons dit, un excellent élément social, qu'il ne faut pas essayer de changer, mais dont il faut savoir se servir. Rien n'est plus admirable que ses prescriptions sur la bienfaisance, dans lesquelles on trouverait les plus beaux textes pour l'enseignement. C'est surtout à l'instruction des riches que l'Évangile s'attache de préférence, non qu'il les distingue des pauvres, tant s'en faut ; mais parce qu'il veut les arracher à leur endurcissement et leur rappeler qu'ils ne sont pas plus que le reste des hommes.

C'est à l'attachement extrême que les riches éprouvent pour leurs trésors, et à l'égoïsme qui en découle, que Jésus-Christ a dû ce beau mouvement d'indignation : « En vérité, je vous le dis : il est « plus aisé à un chameau de passer par le trou d'une « aiguille, qu'à un riche d'entrer dans le royaume « des cieux ! »

Qu'il nous soit permis de résumer notre pensée : si le pauvre ne peut rigoureusement exiger que la justice, ainsi que nous l'avons précédemment expliqué, le riche est tenu à la bienfaisance. Ce n'est qu'à ces conditions qu'il peut garder sa place dans l'ordre social. Il faudrait beaucoup peser sur cette vérité, afin qu'elle fût regardée comme un principe.

CHAPITRE XXXIX.

Obligations des Riches dans l'état social

LES riches étant des hommes de loisir, il leur est donné, beaucoup plus qu'aux travailleurs, de s'occuper d'idées spéculatives; c'est pour cela qu'à mérite égal ils sont plus aptes que tous autres à remplir les emplois dans les administrations. Aussi, soit que le pouvoir en décide, soit que le peuple nomme ses délégués, est-ce sur eux que tombent presque tous les choix.

Cependant, il est impossible de le nier, peu d'entre eux possèdent à un degré suffisant les notions morales qui devraient régler leur conduite; peu d'entre eux sont au-dessus de l'égoïsme et de l'intérêt personnel. Ils ont donc, comme tous les autres, et plus peut-être que tous les autres, besoin qu'on les aide à développer leur sens moral.

A quoi serviraient, en effet, les connaissances produites par l'expérience des affaires et les études

de la science administrative, si aucune des convictions qu'elles auraient amenées ne tenait devant
les séductions employées par un homme puissant?
Ce n'est pas la science qui importe le plus; c'est la
bonne foi, c'est la fermeté dans l'accomplissement
des devoirs.

Or, les devoirs imposés à l'homme riche sont bien
plus impérieux que ceux imposés à l'indigent. Où
sont les excuses de la concussion pour l'homme qui
est dans la plénitude de la fortune? peut-il arguer
de la faim?

Il existe un malheur pour les classes élevées,
c'est de trop croire à leur supériorité. L'Évangile a
donc bien raison de rabattre, autant que possible,
ces fumées de l'amour-propre, en rappelant les idées
de fraternité qui ne devraient jamais être perdues
de vue. *Les premiers seront les derniers*, est un mot
d'une grande profondeur, et qui, s'il était suffisamment compris, aurait un pouvoir moral incalcu-
lable. Ces pensées peuvent fournir matière à une
ample prédication.

Ce ne sont pas les seules leçons qu'on pourrait
adresser aux riches. Propriétaires de terres, ils
jouissent des revenus qu'elles donnent, sans se douter que la propriété impose des obligations. Quoi!
beaucoup d'entre eux ne font pas semblant de s'a-

percevoir qu'ils sont tenus d'obtenir du sol tout ce qu'il peut produire, et qu'ils doivent employer dans cette intention leur temps, leur argent, et leur capacité! Sibarites de la société moderne, pensent-ils n'être nés que pour rester plongés dans les délices? Mais cette sensualité serait celle du matérialisme, et non celle du principe intelligent : elle ferait descendre l'homme au niveau de la brute.

Il y aurait bien encore quelques reproches à adresser aux heureux du jour. Pourquoi, dans les fonctions qu'ils tiennent ou qu'ils devraient tenir de la confiance du peuple, ne stipulent-ils presque jamais que pour eux? pourquoi cette tendance, si généralement remarquée, de faire peser l'impôt sur le petit consommateur? pourquoi frapper de préférence, par des tarifs iniques, des matières comme le sel? pourquoi des droits de détail sur les boissons? pourquoi cet impôt de corvée appliqué aux chemins vicinaux avec tant d'inégalité? Cela ne prouve-t-il pas que les notions de justice sont peu suivies dans leur application? Il y a pourtant un adage financier qui recommande de ne demander qu'à ceux qui ont.

Est-ce qu'il n'y aurait rien à apprendre aux riches sur cette matière?

CHAPITRE XL.

Ce qu'on trouve quand on étudie les classes et les professions.

Nous n'avons pas la prétention de signaler ici tout ce qui pourrait être fourni à l'enseignement moral appliqué aux adultes, il nous suffit d'indiquer la source où il faut puiser, et comment on devrait s'y prendre pour bien saisir l'esprit de la prédication.

Sans aucun doute, il appartient à chaque professeur d'user de son expérience et de formuler ses propres pensées : tout homme supérieur (et il faudrait l'être pour remplir l'espèce d'apostolat que nous cherchons à créer) doit apporter son contingent à l'édification de notre œuvre.

On n'a pas dit le dernier mot sur toutes les misères qui se rencontrent dans le cœur et dans l'intelligence de l'homme. L'humanité est un grand livre où il y aura toujours à apprendre, pour ceux qui seront capables d'y lire : les erreurs de jugement, les fraudes, les falsifications, s'y présenteront avec

des formes toujours nouvelles. Il n'y a pas de transformation que l'intérêt personnel, ce véritable Pro-
tée, n'essaie de prendre pour arriver à ses fins, et
pour donner le change sur ses véritables intentions.
Il faudra donc le saisir continuellement sur le fait,
et ne pas hésiter à lui arracher son masque. Une
pareille nécessité demande une surveillance atten-
tive et la plus grande dextérité.

Chaque profession, même parmi les plus libérales,
fournira des exemples d'ignorance morale et de l'oubli de tout devoir.

Certainement l'horlogerie est au nombre de celles
que nous venons de citer, car elle renferme de
grandes intelligences et peut fournir abondamment
de très-légitimes profits. Eh bien, il est beaucoup
de ses adeptes qui se respectent assez peu pour exploiter, sans aucune délicatesse, l'ignorance de leur
clientelle.

L'horloger qui vend, rentre dans la catégorie du
commerce; il a sa règle de conduite, tout comme un
autre négociant; mais l'horloger qui raccommode,
remplit presque toujours une mission de confiance,
puisqu'il n'est guère personne qui puisse le contrôler.

Dès lors, naît pour lui l'obligation d'être scrupuleusement véridique : il n'en est rien cependant.
L'horloger abuse de sa position exceptionnelle, en

supposant des travaux imaginaires, pour obtenir ce qui ne lui est pas dû. Nous sommes loin de prétendre que ce soit là, la manière habituelle de tous les horlogers ; nous disons que cela est assez commun, et beaucoup trop commun pour l'honneur d'un corps respectable.

Voici un fait à notre connaissance, et ce n'est pas le seul que nous puissions citer s'il est nécessaire de faire des preuves [*].

Un voyageur passe dans une ville de commerce : sa montre s'est arrêtée. Comme ce meuble est d'une

---

[*] Les faits que nous citons, ainsi que ceux relatés dans les chapitres 30, 31, 32, 33 et 34 de la première partie de cet ouvrage, suffiront pour compléter la statistique morale renfermée dans le premier volume de notre *Philosophie de la Politique*. Mais il est nécessaire de lire le tout pour être bien fixé sur la matière. Le désir de ne pas trop nous répéter nous a empêché de faire complétement aujourd'hui ce que nous avions déjà ébauché. Nos lecteurs s'apercevront aisément qu'une même pensée domine tous nos écrits, qu'ils soient appliqués à la politique ou à la philosophie ; c'est l'amélioration de l'espèce humaine, soit sous le rapport matériel, soit sous le rapport moral. Nous y ajoutons la conséquence logique, que l'un n'arrivera jamais sans l'autre, ces deux conditions étant inséparables.

Nous serions heureux si de pareilles vérités devenaient populaires, au point d'être un jour l'un des éléments de l'opinion. Alors l'état social serait dans une voie rationnelle et réaliserait ses idées de progrès.

grande importance pour l'homme qui fait des affaires, le voyageur se présente chez un horloger et
lui demande s'il peut réparer promptement le désordre dont il se plaint? L'horloger prend sa loupe
et examine : il déclare que la réparation à faire est
capitale, qu'il ne pourra remettre la montre que
dans huit jours. Le voyageur n'accepte point : il doit
partir dans la soirée.

Autres tentatives du même genre produisant un
semblable résultat. Le voyageur, à demi convaincu,
se décide à rester, sans savoir l'heure qu'il est, jusqu'au moment où il pourra séjourner huit jours
dans une ville. Néanmoins, l'occasion étant favorable, il entre instinctivement chez un troisième
horloger, dont la boutique est sur son chemin.

La demande est de nouveau formulée : l'horloger,
après un instant d'examen, répond affirmative-
ment : « Asseyez-vous, ajoute-t-il, il n'y en a pas
« pour deux minutes. »

En effet, par un léger mouvement de main, il
enlève un fétu qui s'était introduit dans les en-
grenages, secoue la montre, et s'assure à l'instant
qu'elle va : il la monte, la met à l'heure, et la re-
met entre les mains du voyageur.

Celui-ci, heureux et surpris tout à la fois, veut
témoigner sa reconnaissance : l'honnête horloger

lui répond : *Ce n'était absolument rien, je ne peux accepter de salaire.*

Dans la médecine, où l'on s'occupe jusqu'à un certain point de recommander la philanthropie, il arrive très-souvent que le pauvre est regardé comme de la matière expérimentale. On le traite gratuitement, il est vrai; mais comment exiger quelque chose de qui n'a rien? Est-il soigné avec douceur, avec bienveillance? On le soulage : mais on lui fait sentir son néant par des paroles brutales, par des impatiences, par une certaine expression de mépris.

Ainsi, les mouvements cupides se manifestent, même dans un acte de charité, et viennent maculer la bienfaisance! On s'est montré philanthrope parce qu'on a besoin d'un vernis de philanthropie; parce qu'on n'ignore point la valeur des grands mots; et en agissant de la sorte on n'a rien fait à l'intention du malade, on n'a agi que pour soi [*]!

---

[*] Les exemples d'une plus grande perversité morale ne nous manqueraient pas, si nous voulions les chercher dans une classe nécessairement instruite, puisqu'elle s'occupe spécialement de l'étude des lois. Combien d'avocats, par un sentiment d'amour-propre, résisteraient-ils au bonheur de se vanter d'avoir sauvé un scélérat? Cependant s'ils se rendaient compte du mérite d'un pareil triomphe, ils y trouveraient, au fond, qu'en faisant dévier la justice des hommes, ils se sont rendus solidaires

Telles sont les observations qu'une étude sérieuse du monde peut fournir à la philosophie, et que celle-ci doit analyser pour en faire son profit. C'est

des nouveaux crimes que ne manquera pas de commettre celui qu'enhardit l'impunité. Ainsi le talent de la parole a servi à produire un mal social! Et pourtant le talent de la parole suppose une haute intelligence, une intelligence très-cultivée! Si le talent se vante d'avoir fait absoudre le crime, il peut se vanter d'avoir fait souvent triompher l'injustice. Cela n'est-il pas déplorable aux yeux de la morale?

Nous pourrions relever encore des faits turpides qui décèlent bien davantage l'isolement où l'éducation actuelle laisse le sens moral; et ces faits, nous les trouverions dans la conduite habituelle d'une autre classe d'hommes de loi. Les avoués n'ont-ils pas succédé de tous points aux anciens procureurs? Nous allons en citer une preuve entre mille : celle-ci est sous nos yeux.

Un gentilhomme ruiné veut vendre le reste de son domaine, pour procurer un peu d'aisance à sa vieillesse. Deux acquéreurs se présentent : l'un offre plus que l'autre, et il est accepté imprudemment, sans qu'on s'informe s'il est solvable. Entré en possession par un acte sous seing privé, l'acquéreur dégrade à plaisir l'objet acheté, et ne paie point les intérêts. Le gentilhomme, réduit à la dernière misère, veut au moins essayer de rentrer dans son ancienne propriété; mais les avoués du spoliateur lui crient : *Halte-là! nous sommes en possession. Il faut, pour nous déloger, commencer par prouver quelle est notre position respective, et il va d'abord vous en coûter, de doubles droits, 6,000 fr., que vous n'avez pas. Voulez-vous transiger? engagez-vous à nous donner 2,000 fr. d'indemnité, ou nous allons rester tels que nous sommes.*

Voilà les mœurs et les allures de la civilisation actuelle

ainsi qu'on explore le cœur de l'homme, qu'on fait tomber le masque de son visage, et que, moitié honte, moitié conviction, on lui fait faire un retour sur lui-même, dont il résulte un mieux certain.

Mais on n'obtient pas de pareils résultats sans avoir conçu un plan d'amélioration sociale, sans avoir l'amour du prochain et un dévouement, à ses intérêts, plein de bonne foi. Il faut aimer le bien pour lui-même ; il faut essayer de le produire, au besoin, à ses risques et périls. Ce dévouement ne se rencontre que dans quelques individus d'une trempe supérieure. Pourquoi se trouve-t-il si rarement parmi ceux qui sont chargés de gouverner?

voilà ce que personne ne songe à empêcher ou à flétrir. Il n'y a pas de quoi se vanter : car ceci n'est pas une exception.

Étrange société! civilisation misérable que celle qui ignore par quel principe vital elle existe, et les conditions sans lesquelles elle ne peut se conserver!

CHAPITRE XLI.

Manière dont l'Homme doit en agir envers les Animaux.

Il est impossible de le nier, car c'est un des résultats de la loi naturelle, la nécessité de se nourrir a mis en état de guerre presque toutes les créatures vivantes. Si ces hostilités ont disparu d'homme à homme, par l'effet de l'association ; elles n'ont pas disparu d'espèce à espèce ; car il n'y a pas eu de convention entre elles, et elles resteront toujours soumises à l'impérieux besoin de se nourrir.

Les animaux se mangent donc entre eux, depuis le lion, le tigre, l'aigle, ou le vautour, jusqu'aux espèces réputées les plus innocentes. L'hirondelle ne vit que de destruction : la fauvette, le rossignol, détruisent les insectes : les granivores, eux-mêmes, mangent les vers, les sauterelles, les lombrics, et les grillons. Le droit des gens, parmi les bêtes, ne va pas au delà des individus de leur espèce. Relativement aux autres, ils ne connaissent que leurs forces et leurs appétits.

Cette guerre des êtres est tellement dans les vues de la nature, que les animaux les plus puissants, l'homme lui-même, nourrissent des parasites de leur substance, sans qu'il leur soit possible de s'en affranchir. On peut conclure de ce fait, en faveur du droit qu'a l'homme de se nourrir de chair, quoiqu'il pût vivre de grains et de fruits.

Il est incontestable, malgré les belles déclamations de Rousseau, que l'homme peut, sans être accusé de cruauté, non-seulement asservir les animaux, mais encore les élever, favoriser leur propagation, et en user comme d'un aliment tout à fait nécessaire.

Mais celui qui se sert des animaux pour le travail leur doit une nourriture abondante. Le bœuf et le cheval méritent un salaire : l'homme juste leur rend en soins une partie de ce qu'ils lui produisent. Il n'exige d'eux rien au delà de leurs forces ; il ne les frappe que très-peu pour stimuler leur paresse, et jamais avec excès ou avec colère. Chez les Anglais, des règlements de police donnent la faculté de punir sévèrement celui qui se permet d'excéder les animaux. Il y a deux intentions dans ces règlements : la première, d'adoucir les mœurs ; et la seconde, d'épargner des souffrances à des créatures sensibles. L'humanité n'a guère fait rien de plus louable; il faudrait se hâter de l'imiter.

Quant aux animaux que l'on mange, il devrait être prescrit de les mettre à mort avec toutes les précautions imaginables, afin d'abréger leur souffrance et de ne pas les tourmenter au delà du besoin.

C'est avec des moyens pareils que les mœurs s'adoucissent et que toute société prend la position qui lui convient. Lorsque la justice et la vérité sont au fond de toutes les questions politiques, elles se simplifient, et les plus grandes difficultés sont vaincues. Qui diable s'aviserait de faire du mécontentement, s'il n'était justifié par l'ignorance, les mauvaises intentions apparentes, et l'immoralité de ceux qui gouvernent? Est-ce que l'homme demande autre chose que du pain et de la sécurité? Mais ces deux choses lui sont dues, et s'il ne les obtient pas, il n'est aucun acte agressif qu'il ne soit autorisé à se permettre et dont il ne soit d'avance acquitté au tribunal de la raison *.

Il ne faut pas croire que la société puisse marcher sans qu'il existe un grand ensemble entre les insti-

---

* Tout ce que nous écrivons tend à obtenir une réforme morale et à la rendre facile. En faisant un portrait ressemblant, mais point flatté, de la société actuelle, nous avons constaté ce

tutions et les pensées dominantes. C'est à créer cet état de choses que doivent tendre incessamment tous les travaux législatifs. Il ne faut pas croire non plus qu'il soit loisible à ceux qui gouvernent de laisser le moindre louche dans leurs intentions. Une démarche douteuse, un mensonge mis à nu, déconsidère ; et l'on ne se relève pas de la déconsidération.

Inspirez partout la confiance : vous ne pouvez y parvenir que par votre respect pour la vérité. Le plus grand malheur de l'époque actuelle est de n'avoir tenu aucun compte des intérêts moraux. Mais les expériences que l'on a faites, la position absurde où l'on s'est acculé, doivent avoir démontré que l'on n'a pas suivi la bonne route et qu'il n'y a rien de plus urgent que d'y rentrer. C'est dans cette prévision et surtout dans la certitude que l'action exercée par l'erreur n'a qu'un temps, que nous nous sommes détaché du présent pour ne vivre que dans l'avenir. C'est ainsi que, ne tenant aucun compte de ce qui est, nous cherchons à esquisser ce qui devrait être, en nous plaçant au-dessus de tous les systèmes et de toutes les préventions.

qui lui manque et ce qu'il faut lui donner ; c'est aux sommités sociales à prendre l'initiative : malheur à elles si dans l'état de défectuosité où elles se trouvent elles attendent que la réforme parte d'en bas ! ce serait reconnaître et signer leur déchéance.

———

CHAPITRE XLII.

L'**Equité** doit être remise dans toutes les relations sociales.

Que les hommes s'examinent sérieusement et qu'ils se jugent ; quelle que soit leur position sociale, ils seront frappés du contraste continuel qui se trouve entre leurs actions et leurs devoirs. Peut-on ignorer ce que l'on doit aux autres, quand on est chargé de faire rendre la justice? Eh bien, c'est ce qui se voit actuellement : les exemples venus d'en haut démoralisent les classes inférieures.

Si la probité n'est pas chez les grands, il est fort douteux qu'elle se réfugie chez les petits : si les gouvernements et leurs chefs sont sans bonne foi, les citoyens croiront-ils à la nécessité de la bonne foi?

Aussi le besoin de s'astreindre à des règles invariables s'étend-il à la société tout entière : personne ne peut en être exempté.

L'état social doit être comparé à un édifice dont

toutes les parties sont coordonnées symétriquement, sous peine de manquer de solidité. Toutes se prêtent un appui réciproque : en négliger une, c'est compromettre les autres. Pourquoi cela ? parce que dans son ensemble, l'édifice est le résultat d'une pensée unique, et qu'il ne faut pas lui faire perdre la force de cohésion qu'on appelle *son unité*. Rien ne lui est indifférent, rien ne lui est inutile. Si la fraude et la ruse dominent les hauteurs de la société, elles finiront par se glisser partout.

L'histoire fourmille de faits contradictoires recueillis dans la vie des hommes puissants : faut-il en conclure que la puissance est presque toujours mal placée ? Le véritable homme d'État se fait remarquer à une tendance manifestée dans tous ses actes, celle de créer ou d'améliorer les mœurs. Mais le véritable homme d'État est rare : on n'en trouve pas un sur cent mille.

Il n'y a pas deux manières d'agir sur la société, du moins si on en comprend les principes vitaux. Malheureusement peu de gens veulent les comprendre. Je ne ferai pas d'observations sur ce qui se passe aujourd'hui en Europe : n'est-il pas évident que les idées de fraude, de rapine, et de tyrannie, sont les seules qui prédominent dans le bercail humain ?

Si l'on compare les relations d'homme à homme à celles de nation à nation, ou pour mieux dire de gouvernement à gouvernement, on trouvera que l'infériorité n'est pas du côté des simples particuliers ; et pourtant la philosophie est autorisée à demander à ces derniers de grandes rectifications ! et elle use ses forces à réclamer la pratique des belles théories !

CHAPITRE XLIII.

Signes auxquels on reconnaîtra que la Société se régénère.

Lorsque les impôts levés sur un pays seront scrupuleusement employés à assurer l'éducation intellectuelle et morale des citoyens ; à créer des lieux d'asile pour les indigents malades ou infirmes ; à produire des améliorations matérielles, nécessaires à la prospérité de l'agriculture et de l'industrie ; à défendre les intérêts nationaux contre les étrangers ; il y aura commencement de progrès et espérance d'un bon avenir ; car ceux qui dirigeront un pareil état de choses seront bien intentionnés : ils commenceront à se douter de ce que le devoir leur impose.

Mais nous ne serons entrés dans les grandes eaux de la civilisation que lorsque les prescriptions de la philosophie chrétienne seront prises au sérieux et introduites dans la pratique. A mesure que nous avancerons, la vérité se substituera au mensonge ;

le droit à la force ; et il sera reconnu que la seule bonne politique est dans l'équité.

L'affranchissement du joug clérical et la modification d'une infinité d'erreurs religieuses seraient encore un excellent signe de régénération. L'Église a rêvé la domination universelle, tant sous le rapport temporel que sous le rapport spirituel ; elle a manqué son coup, il faut qu'elle en prenne son parti. Les prêtres sont destinés à diriger le culte : ils peuvent nous guider dans les actions de grâces que nous devons adresser à l'Éternel ; mais ils doivent renoncer à exploiter l'ignorance et le fanatisme. Dès qu'ils se montreront ambitieux, ils ne seront que des brouillons. Quant à l'enseignement moral, il est prouvé qu'ils n'y tiennent pas ou qu'ils ne le comprennent pas ; ce qui oblige de le faire passer en d'autres mains. Que le clergé ne dise point qu'il est désintéressé, qu'il le prouve. La philosophie est aujourd'hui bien mieux placée que lui pour développer le sens moral ; c'est qu'elle est tolérante, qu'elle s'adresse à la raison, et qu'elle n'a pas d'intérêt particulier à défendre. Celui qui veut avoir un empire légitime sur les hommes ne doit pas songer à les asservir, mais à les éclairer.

Quand donc le goût de la vérité sera devenu prédominant, que chacun la cherchera avec une volonté ferme et modeste? Quand une gymnastique de l'esprit s'occupera de développer la puissance de la raison ; quand la raison pourra user de toutes ses facultés, sans qu'on puisse lui crier : *Anathème !* alors l'état social prendra tout son accroissement, et l'espèce humaine aura atteint l'âge de puberté. Jusque-là, ne nous faisons pas d'illusion ; ne nous dissimulons même pas les difficultés dont les intérêts blessés de l'égoïsme sèmeront notre route. La marche lente du passé nous fait assez comprendre qu'on ne va pas toujours vers l'avenir sur les ailes de la pensée. Les améliorations, par simplifications, arrivent quelquefois fort tard ; et lorsqu'on les a obtenues, on n'est étonné que d'une chose ; c'est qu'elles ne se soient point présentées tout d'abord.

C'est beaucoup, pour le moment, que d'écarter certaines erreurs, et de mettre en évidence quelques vérités ; c'est beaucoup d'appeler l'attention des hommes sur la négligence apportée au développement de la qualité la plus sociale qui puisse recommander le bon citoyen (nous voulons parler de la probité). Dieu et le temps sont pour les actions droites et loyales ; l'habileté humaine la plus consommée se brise sur des obstacles qu'il lui était impossible de prévoir. Est-ce une leçon de la Providence pour nous apprendre que la force de l'homme est

fragile, et qu'il ne doit pas trop écouter les mouvements de son orgueil ? est-ce que la vérité seule est
impérissable ?

Nous acceptons l'une et l'autre de ces suppositions
comme un enseignement ; et nous engageons toutes
les forces morales de la société à demeurer dans un
état de méfiance qui les mette à l'abri de la surprise.
Il y a de grandes probités et de grandes loyautés en
France, quoique nous ayons eu raison de nous
plaindre d'une croissante démoralisation : beaucoup
de marchands se renferment dans la stricte limite
des prix fixes ; beaucoup de manufacturiers donnent
des produits irréprochables et sont les pères de leurs
ouvriers ; l'agriculture s'améliore moralement et
intellectuellement : cette certitude est consolante
pour la philosophie. Nous pouvons donc compter
sur une réaction prochaine, durant laquelle le sens
moral regagnera tout ce qu'il a perdu.

En attendant, nous aurons sans doute payé notre
tribut à la nature ; mais nous aurons fait notre
devoir durant notre passage sur la terre, et nous
aurons servi la cause de l'humanité.

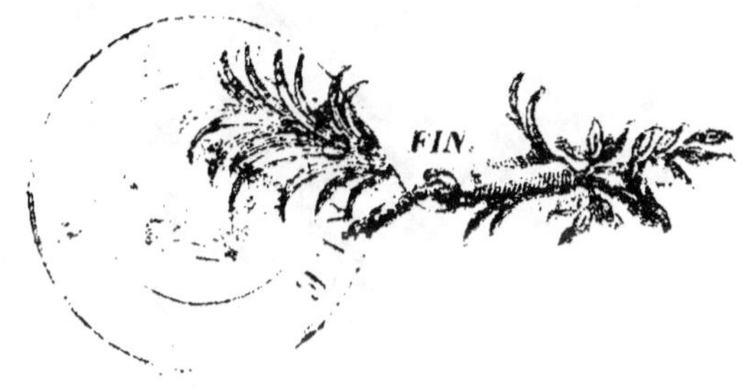

TABLE

DES MATIÈRES.

TABLE DES MATIÈRES.

FIN DE LA TABLE.